复旦文史专刊之九

复旦大学文史研究院 编

中国的日本认识
日本的中国认识

中华书局
ZHONGHUA BOOK COMPANY

图书在版编目(CIP)数据

中国的日本认识·日本的中国认识/复旦大学文史研究院
编. —北京:中华书局,2015.4(2016.4重印)
(复旦文史专刊)
ISBN 978 – 7 – 101 – 10730 – 2

Ⅰ. 中… Ⅱ. 复… Ⅲ.①中国学 – 文集②日本 – 研究 – 文集
Ⅳ.①K207.8 – 53②K313.07 – 53

中国版本图书馆 CIP 数据核字(2015)第 025631 号

书　　名	中国的日本认识·日本的中国认识
编　　者	复旦大学文史研究院
执行编者	朱莉丽
丛 书 名	复旦文史专刊
责任编辑	胡　珂
出版发行	中华书局
	(北京市丰台区太平桥西里38号　100073)
	http://www.zhbc.com.cn
	E-mail:zhbc@zhbc.com.cn
印　　刷	北京天来印务有限公司
版　　次	2015 年 4 月北京第 1 版
	2016 年 4 月北京第 3 次印刷
规　　格	开本/700×1000 毫米　1/16
	印张 10½　插页 2　字数 188 千字
印　　数	2501 – 3500 册
国际书号	ISBN 978 – 7 – 101 – 10730 – 2
定　　价	45.00 元

目　录

序

中华书局 1992 年起陆续推出十卷本《日本学者研究中国史论著选译》，周一良先生在序言的篇首赞其为"甚盛事也"。该著编选出版的学术意义，周先生在序中早就讲的比较全面了，这里可以补充一点一位读者的个体阅读体验：笔者犹记当年急切购得第一卷，彻夜展读、欣喜无比，以及此后逐步翻完这约三百万言的译著，因视野打开内心生出一种丰沛充盈的感觉。

周序曾期盼，假以时日，例如二三十年，完全应该能够编出一部《中国学者研究日本史论著选译》，这样中日两国史学界的双向交流就更趋完整。二十多个春秋过去了，周先生的预言尚未实现，不过中国学术界对于"中国研究"或"日本研究"的相关理念、视角、方法，却的确发生了诸多重要的变化，从中折射出学术研究的转型。这是最近二三十年，中国人文学术基于不断积累而开始迈出的重要跨越。

进一步梳理脉络，还可以追溯到 19 世纪末。彼时，"东洋史"作为一种新的学科已在日本兴起。1899 年，桑原骘藏的《东洋史要》中译本由王国维作序，在中国印行，不久便在知识界引发不小的"旋风"，并汇入"新史学"的浪潮。这本中国近代译自日本的第一种史书，强调亚洲诸国之间的关系（时人或概括为"合东洋诸国为一历史团体"），给中国引入了基于"亚洲"的世界史的眼光。

可是由于种种原因，百年后的中国史学界，固守所谓"中国史"、"世界史"的各自畛域，无视乃至割裂"中国"与"亚洲"的关联，仍不乏见。也就难怪，最近一套由日本学者撰写的"中国的历史"书，被翻译过来在中国出版，激起反响，引人企慕的主要原因还是（恐怕也只能是）邻国史学家的"角度新"、"写法新"、"立意新"。

　　置于上述脉络和环境之中，复旦大学文史研究院最近七年努力的宗旨和意义，更得显明。一年多前举行"中国的日本认识·日本的中国认识"研讨会的用意，似也应于此抉发。对于这样一个标题的学术讨论会，笔者最粗浅的一点认识是，中国和日本，可以互为"观者"、互为"他者"，也可以互相结合，从而在更大的背景下予以审视。

　　2007年起，文史研究院开始推动"从周边看中国"课题，另有"交错的文化史"、"批评地理解国际中国学"、"域外所藏有关中国的图像资料"、"中国宗教、思想与艺术史的综合研究"四个方向，相辅而行。而后，凝炼出"亚洲宗教、艺术与历史"研究方向，招收博士生、硕士生和博士后，与普林斯顿大学、东京大学合作举办夏季研修班。这些科研、教学的收获，介入了前述学术研究的转型与跨越。

　　"中国的日本认识·日本的中国认识"研讨会由复旦大学文史研究院和国际日本文化研究中心（日本京都）主办，《复旦学报》协办，于2013年初春在复旦校园召开。十余位中日学者分四场展开讨论和交流，气氛坦诚、热烈。四场的主题分别是"前近代日本人的中国认识"、"中日学者对彼方思想史的相互观察"、"近代中日学者对彼方的认识和研究"、"近代日本的中国认识"。本书即是该研讨会的论文集，可以为读者呈现这一领域的最新动态和进展。

　　要感谢论文作者，感谢各位支持研讨会或参与会务的朋友。最后还应感谢中华书局，这已是复旦大学文史研究院学术会议论文集的第九种了。正是在书局的关爱下，这套"复旦文史专刊"渐渐在形成自己的阵势和风格。

2014年7月16日于复旦光华楼

平安末期日本对中国医学的接受

榎本涉(日本·国际日本文化研究中心)

绪论

本文想要讨论的是在平安时代(794—1185),特别是其末期的 12 世纪,日本对同时代中国医学的关心。一般认为平安时代医学的代表性成果是《医心方》30 卷(984 年,丹波康赖编),它是以唐以前的中国医书为中心摘录或引用诸书而成的。不过在此书之后,日本医学就进入了成果寥寥的低迷期。而打破这种状况的,一般认为是在接受宋刊本医书的镰仓时代(1185—1333),医学中心从宫廷医向僧医的转移。

若看医学史上的成果,与镰仓时代相比,平安时代宋代医学的影响之小确实不可否认。然而,平安时代的日本人少有机会出国海外,外国人也几乎无缘来京都;而在镰仓时代,具备旅宋经验的僧人活动于日本各地,宋元僧更是统领着京都、镰仓等地的寺院,所以,两者在对中国医学的接受度上有差别是当然的。本文试图撇开文化成果的水平高低,只作为了解平安时代日本统治阶层对中国看法的一则材料,意在探讨他们对同时代中国医学的关心。

一、《大观本草》的利用

平安末期的藏书目录《通宪入道藏书目录(以下称"通宪目录")》,在第

37—40 柜集中收录了医书①。其中受到注目的,是第 38、39 柜所收《大观证类本草》32 卷(上帙 10 卷,中帙十卷,下帙 12 卷)。它相当于北宋艾晟的《经史证类大观本草》31 卷,是对唐慎微的《经史证类备急本草》加以增补后,于 1108 年刊行的。卷数上有一卷的偏差,大概是《通宪目录》在正文外又加了一卷目录②。从书名判断,《通宪目录》是信西的藏书,那么《大观本草》应该是在信西生前传入的。而实际上,虽然此书目无疑是平安末期的产物,但其中所收书目全为信西藏书一点自古就有疑问,所以以本目录为依据判断《大观本草》传入年代的下限,我想是要谨慎的③。

不过,平安时代对《大观本草》的利用,从其他史料中也可获知。其中之一,便是在京都国立博物馆所藏《春记》纸背所写的"圣教"④。这是 1143 年,为祈祷延长鸟羽院的寿命而实施如法尊胜法的相关资料⑤。其中有担任祈祷的僧人宽信题为《骨路草事》的勘文。为了讨论祈祷中使用的骨路草是怎样的东西,宽信记到去年为鸟羽院实施祈祷期间,他在高野山上采ウリネ的事情。这篇勘文大概写于 1143 年的两年后,即 1145 年。虽然将ウリネ等同于骨路草的根据,是 1108 年范俊采集ウリネ并施行如法尊胜法时,在记录中用"ウリ子"作"骨路草"的注音假名,不过在勘文中,宽信引用了《大观证类本草第八》"骨路友"条作为参考资料,也就是《大观本草》卷 7 的"骨路支"条⑥。由此可知,宽信在 1145 年以前就看到过《大观本草》。

---

① 以下引用于《通宪入道藏书目录》第 37—40 柜(一合第卅七柜:病源论一帙十卷,同二帙十卷,同三帙十卷,同四帙十卷,同五帙十卷;一合第卅八柜:大观本草目录一帖,大观证类本草上帙十卷,同中帙十卷,药证病原歌一结四卷,合药方一帙二卷;一合第卅九柜:大观本草下帙十二卷,医书要字二卷上下,药种略决一卷,要药秘方一卷,本草和名下一帖,应验如神方一帖,宋人密语抄一卷;一合第卌柜:胜金方上帙九卷,同中帙十卷,同下帙十卷,一帖同目录)。

② 在日本,正文卷数和前面的一卷目录是加在一起数的,所以后文所提《春记》纸背的圣教在正文是卷七,却称作"第八"。不过,《通宪目录》中另见《大观本草目录》一帖,虽然和《大观本草》32 卷分别列出,但从"卷""帖"的不同写法看来,两本书是被看做不同的书的。我想《大观本草目录》一帖,可能是为避免损坏目录原本,而在日本另做的折本形式的目录。

③ 关于这个问题,可参看吉村茂树 1928 年的论著。虽然对于吉村的说法,也有些批判性意见,但这些批判未有有力的根据。棚桥光男:《后白河法皇》,东京:讲谈社,1995 年,第 80—84 页。

④ 《京都国立博物馆藏品图版目录(书籍编)》第 74 页(照片)及 248 页(翻刻)。

⑤ 关于这个圣教,杉本理在 2009 年的论著中有所讨论。另外,关于如法尊胜法的性质和完成过程,详见上川通夫《日本中世佛教和东亚世界》(『日本中世仏教と東アジア世界』,东京:塙书房,2012 年)第二部,第 2、3 章中的研究。

⑥ 以下引用勘文的部分内容(另附图):范俊僧正,天仁元年公家御祈勤修,如法尊胜御修法(国王延寿祚之法),件支度出骨路草,即附假名,云ウリ子云云。所遣取高野山也。宽一(译注:此处有原注"宽信")去去年一院(译注:此处有原注"鸟羽上皇")御祈奉仕件法、又遣取高野。件草、彼山多多也。大观证类本草第八云,"骨路友(译注:此处有原注"支"),味辛,平,无毒,主上气浮肿、

对《大观本草》的利用还有一例。在记录合香制法的《薰集类抄》卷下，诸香"证类云"下所引注文中，可以看到对《证类本草》即《大观本草》的引用①。由《薰集类抄》上下卷的跋文可知，此书是刑部卿藤原范兼（1107—1165）奉敕抄集而成。虽然此"敕"所指是谁意味不明，不过既然是"敕"，就可以认为是有王家参与的②。

无论是《春记》纸背的圣教，还是《薰集类抄》，都与王家指挥下实行的事业有关，所以两书所参考的《大观本草》有可能是王家的藏书。而录有《大观本草》的《通宪目录》，也有一种说法，认为它是含信西旧藏在内的宫廷文库目录。若是这样，那么以上三本书中所见的《大观本草》，都与王家关系甚深。

此外，我认为与《大观本草》的传入有关的史料，是藤原宗忠《中右记》元永元年（1118）正月二日条③。此前稍早，大概在1117年左右，白河院（1087—1129年院政）曾经从宋获得"卅帖"刊本医书。对此感兴趣的宗忠借走书后，这一天从关白藤原忠实处得知，因为紧急归还命令，要他今明之间返还此书。虽然宗忠也有抄写此书的愿望，但他写下"尤可谓秘藏书欤"④的感慨，似乎认为白河院是舍不得长期外借的。

我想这本书可能就是《大观本草》31卷，而"卅帖"可以看作概数。一方面，在概览了对宋代医书的刊行进行网罗式调查的冈西为人的研究、《宋史》卷二〇七《艺文志》六、南宋的书籍目录陈振孙《直斋书录解题》卷一三和晁公武《郡斋读书志》后志卷三中所收医书之后，几乎没有其他的书符合条件。

水气呕逆、妇人崩中、余血症瘕、杀三虫。生昆仑国，苗似凌所肖（译注："所肖"二字有原注"霄"）藤，根如青木香。安南亦有。二（译注：此处有原注"一"）名飞滕云云。此文要须也。若ウリ子欤。而难寻医家并儒家，不知有名，尚可习事也。权大僧都宽一（宽信）其中"大观证类本草第八"条，用柯氏影印本《大观本草》卷7所引唐代陈藏器的《本草拾遗》逸文对校，并从旁注出。不过，最后两字在《大观本草》和元张存惠本《政和本草》中都作"飞滕"，而正字可能是"飞藤"（李时珍《本草纲目》卷18，骨路支条所引《本草拾遗》逸文）。

① 沉香、苏合香、鸡舌香、零陵香各条。以零陵香为例，《薰集类抄》中"证类云，味甘平无毒主恶气心腹痛满令体香和诸香作汤丸用之得酒良叶两两相对茎方也"的描述，大概是把《大观本草》卷9中相应的注文"味甘，平，无毒，主恶气、痊、心腹痛，满下气。令体香和诸香，作汤丸。用之，得酒良"，和《图经本草》中的引文"叶如麻，两两相对茎方"接续整合而成的。

② 根据田中圭子2004年的论著和《群书解题》（岩桥小弥太执笔），范兼在1126年任鸟羽院的藏人，1155年在还是皇太子的后白河天皇宫里任东宫学士，后白河天皇即位后，历任大学头（1156）、刑部卿（1162），二条天皇时又以歌才获得重用。我认为鸟羽院和二条天皇，都有可能是敕命范兼撰述《薰集类抄》的人。

③ 近日从唐所持来之医书，从院（译注：此处有原注"白河上皇"）借给。诚有兴书也。摺本卅帖，忽不能书留。依愆返召，今明又返出之由，殿下（译注：此处有原注"藤原忠实"）所被仰也。尤可谓秘藏书欤。

④ 译注：中文原文参见前注。

另一方面,稍微符合条件的书,也几乎没有在 1117 年前传来日本的迹象。首先,《政和本草》30 卷虽然也刚刊后不久,但此书的传入似乎相当晚①。王璆《是斋百一选方》虽然有 30 卷和 28 卷两个传本②,但它成于 12 世纪末,所以白河院也不可能得到③。而 1066 年虽然刊行了唐代孙思邈《千金方》的官订本《备急千金要方》30 卷,但《千金方》已见于 9 世纪末的《日本国见在书目》,又被《本草和名》、《医心方》等引用,所以在平安时代的日本已经广为知晓。即使有新校订,宗忠和白河院是否会表现如此大的关心,也是有疑问的。

与《备急千金要方》同时,虽然也刊行了孙思邈《千金翼方》30 卷,但此书在日本被引用要到 13 世纪末以后。而王砅《天元玉策》30 卷(佚书)连是否刊行都无法确定,在日本直至后世也没有参考它的迹象④。虽然不能完全排除这两本书传入的可能性,但就白河院得到的可能性而言,1145 年以前就已经确定传入的《大观本草》的可能性要高很多。这样的话,由于《大观本草》出版于 1108 年,那么白河院就是在 1117 年前后,得到了刚出版不到十年的医书。此书可能是白河院积极地求购得来,也有可能只是海商献上的贡品。无论如何,至少从白河院和宗忠对它的珍视看来,那种高度关心是无法否认的⑤。就算白河院得到的不是《大观本草》,仍可以看出他们对宋版医书

① 《政和新修经史证类备用本草(政和本草)》是奉宋徽宗之命对《大观本草》进行修订,将第三十、三十一卷合并为第三十卷,并在 1116 年刊行。虽然如此,但在进行日宋贸易的两浙地带,似乎整个两宋期间都不曾流传。根据《四库提要》,在《政和本草》颁布以前,宋都开封就因靖康之变(1126)被金占领,所以南宋人不知道此书的存在。而在南宋的书籍目录中,虽然《直斋书录解题》卷十三中有《大观本草》31 卷,《郡斋读书志》后志卷二中有《证类本草》32 卷(目录 1 卷 + 本文 31 卷《大观本草》),但相对的《政和本草》30 卷,却完全没有。此外,作为《大观本草》初刻本出版地的两浙路常州,虽然靖康之变后仍是南宋领土,且在其治下《大观本草》也再版了三次,但《政和本草》却要到金、元时才得出版,南宋时并未刊行。参见冈西为人《本草概说》,东京:创元社,1977 年,第117—141 页。

② 《直斋书录解题》称 30 卷,《宋史·艺文志》称 28 卷。

③ 以原 20 卷本为底本的宽政版和刻本中,有 1196 年的序(上海科学技术出版社《两宋名家方书精选》本)。另外,据陈造《江湖长翁集》卷三一《题百一方》所记,陈造曾在 1197 年得到王璆亲自赠与的"《百一选方》一部四帙"。

④ 至少从镰仓到南北朝时期(1185—1392),在代表性的日本医书中未见对《天元玉策》的参考。各书引用文献的数目为:《医谈抄》58 种,《医家千字文注》53 种,《顿医抄》55 种,《万安方》98种,《有林福田方》154 种。如服部敏良《镰仓时代医学史研究》,东京:吉川弘文馆,1964 年,第122—124 页、第 150—151 页;小曾户洋《〈福田方〉组成文献之解析》,《日本医史学杂志》33—1,1987 年;中根千惠《典据及其周边(イ)(ロ)》,《传承文学资料集成》22,医谈抄,东京:三弥井书店,2006 年(另外,此处因使用先行研究,所以会对同书异名分别计数),这些书中都没有利用到《天元玉策》。

⑤ 同时代的高丽版佛教书籍在刊行后几年内就可传入日本的事实,学者向来多有提及(横内裕人 2008 年第 10 章)。对于医书,也可作出同样的推测。

的关心,而《大观本草》确实在刊行后40年内传入了日本,这么短的时间也可以说是迅速传入了。总之,朝廷最上层的王家、公卿阶层,并不满足于《医心方》所汇编的隋唐医学成果,他们在持续不断地寻求着最新的医学成果。

二、宫廷医对宋代医书的利用

日本医书对《大观本草》的利用,要从1184年僧人莲基所编的《长生疗养方》开始。虽然这本书只有卷一和卷二的抄本流传,但卷一第13—16的"果菜效能"、"米谷效能"、"禽兽虫鱼效能"、"水冰霜雪效能"和卷二第13"诸药效能"等以"效能"为题的五处,都用同一形式列举了药剂名及其效果(另附图),所以大概是从同一来源采录的系列材料。所举药剂名前附有红点、黑点、红圈点、黑圈点,或是没有圈点。而在"水冰霜雪效能"和"主要效能"的按文中如此写道:红点代表《神农本草经》,黑点代表南朝梁陶弘景《神农百草经集注》的注,红圈点是唐代苏敬的《新修本草》,黑圈点是"诸食疗经"(唐孟诜《食疗本草》?),而无圈点则代表了《大观本草》。

根据《长生疗养方》卷一二的跋①,莲基在1184年受仁和寺御室守觉法亲王之命,为悉备"万岁长生之术"以供御览而在高野山编选书籍。此外,他还记述自己久嗜"救命之业",虽然老入佛门,却不忘"口传秘说"。由此可知,莲基在出家前曾经从医。再从"唯所抽丹家之要实也"推断,莲基应该与丹波家有关。所以,《大观本草》在1184年,已经被丹波家的部分人所知道了。

《大观本草》的流传起源可能是摄关家②的九条兼实(1149—1207)。兼实《玉叶》治承五年(1181)二月十五日条下,有他召来和气定长并命他提交"疗治方"的摘抄的记录。而根据同一记录,兼实也曾命令和气定长摘抄"合药方"、丹波宪基摘抄"病源抄"、丹波赖基摘抄"药种效能",又命令丹波知康摘抄"养性之方",他自己也有摘录"灸治之要穴"的打算。其中关于丹波赖基的"药种效能"部分,兼实说到前年即1179年曾赐(借?)与《大观本草》,令其从中抄录。所以兼实可能是命令赖基等五名宫廷医,根据用途对《大观本草》进行略抄。从赖基自《大观本草》抄出的"药种效能"的题名看,可以推测和《大观本草》所用并收入《长生疗养方》的"效能"确实有关。很可能五种"效能"就相当于"药种效能"的一部分,作为基于《大观本草》的珍

---

① 近来,学者证明在京都大学本《长生疗养方》卷一二里,附有历来不为人知的跋文,其影印本收录于1998年的《医心方续编》第七卷。

② 这些名门或在天皇幼时任摄政代理政务,或任关白辅佐天皇,所以是贵族中门第最高的。

贵资料,在丹波家的相关者之间被广泛抄写。另外,赖基之子长基在1189年抄写《长生疗养方》一事见于其书卷一的跋文中,由此也可知道赖基流①的丹波家和莲基的关系②。

总之,在1179—1189年的短短十年内,宫廷医之间兴起了了解《大观本草》内容、直接依据其说编书、并进一步抄写传播的动向。由此可知,不仅是作为被治疗者的王家和公卿阶层,作为治疗者的宫廷医们也将宋代医书当作渴求的目标。不过即使如此,宫廷医们直到1179年为止,似乎都并未持有《大观本草》一书(假设他们有的话,兼实也就没必要借给他们了)。也就是说,负责给贵人们治疗的宫廷医们,似乎并不知道王家已有的《大观本草》的内容。就算治疗时能得一见,大概也没有熟读、抄写的机会③。我想这大概是因为,这本书最初被看作王家的传家宝或权威财产,所以平时是禁止别人观看的。

虽然兼实所藏《大观本草》的传入年份无法确知,但正如1173年丹波宪基从兼实处看到《千金秘髓方》并表示是初次所见这件事所表现的④,兼实在这一时期正勤于收集包括珍本在内的各种医书,《大观本草》或许也是在这个时期得到的。在12世纪后半的日本,到处可见新的宋代医书舶来的迹象。比如,丹波长基从北宋《苏沈良方》15卷中精选内容,于1194年著成《四花灸法》;和气定长在1183年以前,得到了所谓"年来所秘之新渡医书(年来秘する所の新渡の医書)"的《王氏篇类单方》⑤。虽然从来没人指出,但后者很可能就是入宋僧圆尔(1235—1241年入宋)的藏书《王氏本草单方》十册⑥。与此对应的书,是《宋史》卷二〇七"王俣《编类本草单方》三十五卷⑦",和《直斋书录解题》卷一三《本草单方》三十五卷。撰写者王俣⑧,1136年请求

① 译注:即丹波赖基以下的丹波家嫡系。

② 长基选择抄写《长生疗养方》而不是其父的"药种效能",可能是因为《长生疗养方》综合整理了宋版医书和历来的医学知识,而他对全部的内容都有兴趣。

③ 比如说,丹波赖基在1179年任当时的施药院使,而在1188年以名医之誉任最高医官典药头(《山槐记》文治四年十月十四日条)。他和典药头和气定成被誉为同时代宫廷医生的代表人物,然而连这样的赖基,都没有《大观本草》。

④ 《玉叶》承安三年四月十五日条。

⑤ 《玉叶》养和二年八月二十九日条。

⑥ 《东福寺文书》28、普门院经论章疏语录儒书等目录。

⑦ 译注:标点据《宋史》,北京:中华书局,1985年,第5315页。

⑧ 《直斋书录解题》注:"工部侍郎宛丘王俣硕父撰,取《本草》诸药条下所载单方,以门类编之,凡四千二百有六方。"(译注:中文原文据陈振孙《直斋书录解题》,上海:上海古籍出版社,1987年,第392页。标点据改。)所以著者是工部侍郎王俣,也就是《建炎以来系年要录》(以下称"要录")建炎元年二月乙酉条中的宛丘监察御史王俣(译注:见《建炎以来系年要录》,北京:中华书局,

在临安府设置负责供给和贩卖药剂的和剂局[1]，是与医学有关的人物。所以定长所得的他的著作，差不多就是同时代中国的本草书。王俣于1155—1156年任明州知州[2]，而明州是日宋贸易的窗口，或许《本草单方》就是缘此刊行于明州，并通过贸易船被带到了日本。

宋代医书传入日本的现象在12世纪70年代以后集中出现的背景，很可能是此时期因平清盛之故而进行的濑户内航路的整备（12世纪60年代—80年代初）。虽然简单地强调平家对日宋贸易的影响是要慎重的，不过看看"从清盛时开始《太平御览》流通到日本"这类镰仓中期贵族的证词[3]，似乎宋刊本流入东京确实在这个时期活跃了起来。虽然宋朝海商此前会乘船到九州的博多进行交易，但到了清盛的时代，从京都到交通便利的大轮田泊（神户）都有交易进行[4]，这不是促进了书籍、书画这种高度需要现场确认的商品的流通吗[5]？

由以上两章可见，王家、公卿等朝廷上层和宫廷医们，对宋代的医书是很期待的。医学，对于朝廷上层人物来说，是直接关系到自身生命的大事，而对于宫廷医们而言，也是保证本家繁荣的重要工具。因此，宋代医学常常

1988年，第59页）。不过未见其工部侍郎的仕历，或许是户部侍郎之误〔《要录》绍兴七年闰十月庚申条（译注：见第1867页），二十六年十月己巳条（译注：见第2881页）〕。

[1]　《要录》绍兴六年正月壬申条（译注：见第1597页）。《宋会要辑稿》卷六七，职官27—66，惠民和剂局，绍兴六年正月四日条（译注：见《宋会要辑稿》，北京：中华书局，1957年，第2969页下）。

[2]　王俣被南宋初的宰相赵鼎所重用，赵鼎与新宰相张浚争论不合辞职后，王俣加入张浚一党。1137年张浚被罢时，王俣受到弹劾，第二年被罢免。1155年12月，因为两个月前宰相秦桧之死及其党羽被罢，王俣以明州知州复官，第二年复其旧任户部侍郎。〔《要录》绍兴七年十二月辛巳条（译注：见《建炎以来系年要录》第1894页），八年正月庚寅条（译注：见第1897页），二十六年十月朔条（译注：见第2881页），《宝庆四明志》卷一《郡守》〕其前任明州知州方滋，因赴任福州时将所得珍珠、翡翠、犀象等献给权贵之家（秦桧?），以换取明州之位，故在1155年受到弹劾，并在第二年因交结秦桧而遭夺职〔《要录》绍兴二十五年正月辛未条（译注：见第2741页），二十六年四月甲申条（译注：见第2832页）〕。代替他的王俣被认为是接近反对秦桧的一派。比如说，因王俣举荐任监察御史的任古，对秦桧一党进行了大量弹劾。参见寺地遵《南宋初期政治史研究》，广岛：溪水社，1988年，第389页。

[3]　花山院师继《妙槐记》文应元年四月二十二日条："此书（太平御览）者，平家入道大相国清盛（译注：原文字号如此），始渡之。近高仓院以来，连连宋人渡之。方今者，我朝及数十本欤。"

[4]　比如，根据中山忠亲《山槐记》治承四年十月十日条的记载，忠亲曾经派遣侍从到大轮田泊去购买舶来品。

[5]　对于在博多进行的交易，京都的贵族想要确认书籍内容后再购买是很困难的，所以他们判断的依据不过是从海商听来的书名而已。不过，摄关家的藤原赖长，在1150年收到宋海商刘文冲送来的《东坡先生指掌图》、《五代史记》、《唐书》后，在第二年和砂金30两一起送去了一个超过百部的要书目录，表示如果能够得到这些书，便可用船运送来。据说，这个目录原本是预备交给别的宋人的（《宇槐记抄》仁平元年九月二十四日条）。只靠书名就能订购这么多书，除了他的好学之外，我想也有摄关家的出身可以提供大量资金的缘故。假使中下级贵族的宫廷医生想做同样的事，恐怕在现实中也几乎是不可能的。

便成为他们期望获知的对象。

三、渡来者的医学知识

　　《大观本草》是名为本草书的辞书中的一种。宋代在对唐代的《新修本草》进行改订和增补后，编辑、刊行了大量的本草书，这些书屡屡被平安后期的本草书所引用①。其中之一，就是引用了 974 年《开宝重订本草》和 1008 年《太宗重修广韵》的《香字抄》②。平安后期的大部分本草书，是为了整理与修法遂行有关的香药资料，由密教僧人大量编纂和流传的。《香字抄》也是由密教僧人抄写和流传的，只不过，《香字抄》的编纂本身却与密教修法没有关系。本书有数种传本，其中高山寺本《香字抄》（3 卷，现存仅卷上、卷下）的跋语中，有"从 1166 年 9 月从《丹波抄》5 卷中摘抄出"意思的批注③。据高山寺藏《禅上房书籍缺目录》，《丹波抄》是"丹波宿祢以来之抄"，即记录丹波各代家学的各种书抄，信西"以为类聚，又加新注"，再经 1166 年 9 月信西之子、即密教僧侣胜贤补缺而成。所以其核心就是丹波家学。比如说，卷上浅香条所引丹波康赖《医心方》无疑是其中之一，其他散见在写于日本的"或抄""或秘方""口传"中的引用，大部分也是丹波家学。据《续古事谈》卷五的传说（說話），丹波雅忠（1021—1088）曾因预知火灾之梦，一卷未损地守住了曾祖康赖以来世传的文书。由此可见，丹波家确实世代相传各代的记录，我想"丹波宿祢以来之抄"就属于这一类。

　　认为《香字抄》中有丹波家学、信西新注和胜贤补缺三要素，且最后的胜贤补缺中有密教的知识，这一点是未必的。兼意在对《香字抄》中的记录取舍选择后，加入新材料写成了《香要抄》，而据本书的杏雨书屋藏写本所附

---

　　①　利用宋代本草书的具体例子，比如，一般认为写于 11 世纪末以前的高山寺所藏《香药抄》写本中，引用了 1061 年的《嘉祐补注神农本草（嘉祐）》（近藤泰弘：《关于高山寺藏本草相关资料——以高山寺本〈香草抄〉为中心》，《高山寺典籍文书的研究》，东京：东京大学出版会，1980 年）。又如，高野山的兼意在 1125—1146 年前后编纂了《香要抄》、《药种抄》、《宝要抄》、《谷类抄》等书，其中利用了 1092 年《重广补注神农本草并图经》的序（森鹿三：《关于亮阿阇梨兼意的〈香要抄〉》，《冢本博士颂寿记念佛教史学论集》，冢本博士颂寿记念刊行会，1961 年；古泉圆顺：《〈谷类抄〉》，《杏雨书屋藏·谷类抄》，大阪：财团法人武田科学振兴财团杏雨书屋，2004 年；《杏雨书屋所藏重要文化财产〈香要抄末〉解题》，《杏雨书屋藏·香要抄末·二》，大阪：财团法人武田科学振兴财团杏雨书屋，2009 年）。

　　②　虽然明确记有《开宝重订本草》和《广韵》书名的只有卷上的郁金香条和卷中的桂心香条，但在《香字抄》的其他地方可以散见注于末尾的"唐本先附"、"今附"，我想这些也是引用了《开宝重订本草》。在《大观本草》卷 1 所收的《开宝重订序》中，有"唐附、今附，各加显注"的句子，我认为这与"唐本先附"、"今附"是相对应的。

　　③　"永万二年九月九日，丹波抄五卷之内也。"

1156年跋语,其所参照的《香字抄》是1166年胜贤补缺以前的本子①。在这个本子的基础上,胜贤和兼意分别增补、精选,各自形成了现行的《香字抄》和《香要抄》。所以两本书共有的注文,可以认为是胜贤补缺前的《香字抄》原本,也就相当于丹波家学和信西新注②。

根据以上再看《香字抄》的注,被《香要抄》同样收录的两处"或抄"中,我注意到"唐僧长秀"所传的药剂调合法。具体说来,就是在卷上,郁金香条所引"或抄"中记有长秀所勘的"造熟郁金法"(另附图),和同引卷上,浅香条所引"或抄"中所记"造沉香法",所引用基于"生师口传"的两种调合法③。据说这两个处方是"大唐僧人长秀"的秘藏,在献给天皇后,于957年被(生师?)继承④。这些处方似乎并不是只有丹波家才知道的秘法,《薰集类抄》中也有五处的引用⑤。

那么长秀又是什么人呢?关于这一点,《扶桑略记》在延喜二十年十二月二十八日条中引到了长秀的传。据此可知,长秀在920年随同其父由中国往波斯国途中漂流,在着陆岛上度过了几个月后,又搭乘路过的日中贸易船来到了日本。本传还记到,天台座主曾派净藏(891—964)到长秀处,以加持之法治疗他苦于胸病的父亲,并得到了长秀的赞叹①。这大概是天台僧间流传的故事吧②。《今昔物语集》中也有长秀的故事③,却不见于史书所载。据说,长秀来到镇西后,因为居留不归,就被召到京师做医官。其后,长秀参见

---

① 古泉圆顺认为,这本书成于1146年前后(古泉圆顺:《杏雨书屋所藏重要文化财产〈香要抄末〉解题》,《杏雨书屋藏·香要抄末·二》,第230—231页)。此外,胜贤在1162年,因为寺内的对立,被醍醐寺座主驱逐后,曾在1165年在高野山抄写心觉(兼意弟子)所有的《香药抄》(兼意《香要抄》和《药种抄》的合编本)。很可能在那个时候,他在高野山上也抄写了本草书(森鹿三:《关于亮阿阇梨兼意的〈香要抄〉》,《冢本博士颂寿记念佛教史学论集》,第835—836页)。而且,因为《香字抄》也是在同样的情况下被带走的,所以有可能原本是兼意的旧藏书,后来被心觉所继承了。

② 比如说,古泉圆顺根据《香字抄》中所引《遁麟记》、《金光明最胜王经》,认为本书是佛僧所撰的,但是《香药抄》中并没有如上引用,所以有可能是胜贤增补进去的内容。

③ 记录这个处方的,一般认为是"生师"的弟子。如果是和医学有关的人,这很可能就是丹波家学,不过也不能否定其是信西新注的可能性。

④ 右二方,大唐僧长秀秘藏,所献上于圣上。以此方造进公家,号借沉香。其香已好。天历十一年三月廿五日,传承之耳。

⑤ 具体举例来说:1)卷上,诸方,薰衣草条所引"或方"中说,唐僧长秀以用蜜和合之法,四度制作熏衣香,被认为是奇方。2)卷下,炮甲香中,列举了关于甲香焚烧方法的诸家说法,其中可见唐僧长秀的学说。3)卷下,诸香,沉,和《香字抄》所引"造沉香法"引文内容相同。4)卷下,诸香,藿香,以"长秀曰"的方式,引用了藿香的采集和保存方法。5)卷下跋文中有"亦大唐僧长秀云,热郁,摘郁金花,和白蜜所作之物也云云"。虽然可能与《香字抄》卷上所引"造熟郁金法"有关,但引文有所不同。

京都五条西洞院的桂宫时，他看到宫前的桂树，便让童子登上树，砍下枝条，说道："桂心乃此国亦有之物，无见而知之医师，事极可惜之事也（桂心ハ此国ニモ有ケル物ヲ、見知ル医師ノ無カリケレバ、事極テ口惜キ事也）"。在这里，长秀被描述成一个具备日本人所没有的香药知识的人物。

就像 1066 年向日本朝廷献上灵药的王满那样，香药是来日宋朝海商所贩卖的商品之一。1062 年，王满的宿房里飘出鹿鸣草的香气，异朝通事吴里卿随即向他本人询问了此事。吴里卿具备香药知识，很可能是被大宰府任命为通事的宋朝海商④。另外，1048—1173 年间六次访日的明州海商陈咏，曾在日僧成寻访宋期间担任他的通事。他曾经携《本草括要》一帖拜访成寻，而成寻因他"颇知医道故"⑤，送了他一卷《养生要集》⑥。因为量轻价高的香药在贸易中也是重要的商品，所以为了提高利益，香药知识也是很重要的⑦。从长秀原本也是向"波斯国"旅行看来，他很可能是与南海贸易有关的海商，那么他具有和商品香药有关的知识也是毫无疑问的。

《今昔物语集》随后还记道"然，长秀造药奉公，其方于今有传语（然レ

---

① 唐僧长秀，与其父共行波斯国之时，漂荡海路，寄灯炉岛澡中，数月经迴之间，其父风痼发动，恼于胸病。适遇不虑便船，仅到着日本国。其病倍增，苦痛炽烈。爰长秀父病不觉之由，启闻天台座主增明命和尚。座主云："我朝有十人之验者。净藏是日本第三验者也。招请遣之。"净藏乘撰，往到加持，药师真言一百八遍，即时应声，其病平痊。长秀感叹云："唐朝邻于印度，佛法灵应，甚以揭焉，然未有如此之人矣。东海别岛圣人。效验奇异。因此定知，可无第一第二矣。"

② 长秀的记录也见于《扶桑略记》延长三年十月七日条和延长六年三月二十日条，据此可知，他在 925 年和 928 年在谷仓院领受薪给。在 925 年的记录中，似乎大宰府并没有长秀是唐人的报告（"实虽唐人，大宰府未申其由"），却将他纳入管理范围内（大宰府鸿胪馆?）。在《贞信公记抄》延长三年十月七日条中，同一人物以"唐人平秀"出现，姓名不同的原因不明。

③ 《今昔物语集》卷二十四第十，《震旦僧长秀来此朝被仕医师语》（译注：参见中译本《今昔物语集》，金伟、吴彦译，沈阳：万卷出版公司，2006 年，第 1092—1093 页）。

④ 这两个事例都是山内晋次介绍的（山内晋次：《围绕〈香要抄〉的宋海商史料》，《东亚游学》132，东亚的结合物、结合场，东京：勉诚出版，2010 年，第 61 页）。吴里卿的官衔据《香要抄》鹿鸣草条，写作"异州通事"。贵重图书影本刊行会复制本的高山寺本《香字抄》卷下，鹿鸣草条眉批所引《采女正俊通抄》中也有相应的记录，虽然因为虫蛀使得"州"字不太清晰，但仍可看出是"异州通事"。不过，石山寺本影印本《古辞书音义集成》13 却明确写作"异朝通事"，而且根据语义，也是这个更为妥当。另外，应该知道的是，提供了《香要抄》中未见材料的《才女正俊通抄》，是 11 世纪后半的医生惟宗俊通的抄录（新美宽：《香字抄解说》，《香字抄》，京都：贵重图书影本刊行会，1936 年，第 7—8 页）。

⑤ 译注：据成寻《参天台五台山记》，上海：上海古籍出版社，2009 年，第 476 页。

⑥ 成寻：《参天台五台山记》，熙宁五年四月十九日条、六月五日条、六年正月六日条。

⑦ 因为海商会虚报高价药名，抬高香药价格，又会把伪货染色，强行买卖，所以关于香药的知识是非常必要的。"又云，有英宿香者，近来来朝之者等，谓之安息香，是误也（其体貌，不敢似安息香。而商人等，为炫利，以非为是耳。宛如麝香、桂心等云云）"（《香字抄》卷上，安息香条），"或抄云，是紫色之栴檀也。……而近代来朝之商客等所持来染木、无敢其真香。宛如有名无用"（同卷中，真紫檀条）。

バ、長秀薬ヲ造テ公ニ奉タリケリ。其方于今有トナム、語リ伝ヘタルト
ヤ)", 即长秀向朝廷献药, 其调合法一直流传至今。因为在《今昔物语集》编
成的 12 世纪, 仍流传着长秀的调合法, 所以引用其部分内容的大概就是《香
字抄》《薰集类抄》。总之, 长秀的调合法提交给朝廷后, 被宫廷医的书抄和
受王家之命编纂的合香制法书所引用。贵族们不仅收藏宋版医书, 也注意
保存渡来者所带来的中国医学知识。如此想来, 《通宪目录》第 39 柜中的
《宋人密语抄》一卷也值得注意。宋人是不可能特地把书名冠以"宋人"的,
所以这应该是在日本写成的书。如前所述, 本目录第 37—40 柜集中收录医
书, 所以《宋人密语抄》应该也与医学有关, 很可能是对渡来者所带来的医学
知识的整理, 或者就是长秀所提交的处方①。不过还要注意的是, 由渡来者
所得的医药知识, 即《香字抄》所引二方、《薰集类抄》所引五方(因有一方重
复, 故合计六方)全都与长秀有关。在两本书编成的 11—12 世纪的时间点
上, 如果宫廷医和朝廷收藏的只有长秀的处方, 也有可能那单纯是作为例外
的东西而被重视的。

　　不过即便如此, 这只是渡来者通过官方传播医学的故事, 贵族们在私下
所接触的渡来者的治疗绝对不止如此。比如说, 1014 年藤原实资从宋医惠
清处获得两种眼药的例子②, 就表现了贵族受惠于宋人治疗的可能性。而这
个药是以砂金十两从大宰权帅藤原隆家的使者清贤处换来的, 所以惠清应
该是大宰府鸿胪馆等北九州的大宰府、或者博多附近的宋朝医生。关于隆
家赴任大宰府, 《大镜》内大臣道隆条记有他为治疗眼疾想见能治眼病的唐
人的故事, 所指的眼医可能就是惠清。大概当时的贵族们, 私下里正以各种
各样的形式接触着渡来者的治疗。

结论

　　在平安时代, 王家、公卿阶层和宫廷医们很关心同时代的中国医书。白
河院很可能获得了刊行不久的《大观本草》, 并作为珍贵书籍传给王家。12
世纪 70 年代前后, 宋版医书借由摄关家和宫廷医大量传入, 其成果直接反映
在宫廷医的著作中。此外, 贵族社会可能还保管着从渡来者处直接听来的
医学知识, 并在私下里接触着渡来者的治疗。

　　概而言之, 平安贵族关心着与医学有关的同时代的中国, 换言之, 他们

---

　　① 如果要强调"宋人", 那么五代十国的长秀似乎和此书无关, 不过这也可能是宋代建立以后,
后人添加的书名。
　　② 藤原实资《小右记》长和三年六月二十五日条。

感受着那种文化上的权威。虽然他们并不认为,那些看似来历可疑的渡来者带来的调合法能反映当时中国医学最尖端的成果,但满怀感激地接受并传播这些东西本身,就表现了贵族阶层对同时代中国医学的憧憬①。不过,《平家物语》②中也记到,平清盛知道有宋朝名医在进京路上,想请他给患病的平重盛看病,而重盛却认为是国家之耻,所以拒不接受③。从这类故事看来,伴随对宋人治疗的期待,也可窥见在体面上对接受治疗有所顾忌的相反思想④。关于对外观念,判定为单纯的闭锁或者开放,恐怕都没有意义。无论在怎样的时代,闭锁的一面和开放的一面混同存在,才是实际的状态。而平安时代对宋代医书和中国人的医学知识的关心,便是其中之一。

朱海晶　译

---

① 关于外国医学的品牌性,我在旧稿中已有涉及。

② 译注:此处翻译参考周作人译《平家物语》,北京:中国对外翻译出版公司,2001年,第169—170页。

③ 延庆本《平家物语》卷二末,小松殿熊野诣事。

④ 还是关于第三章最后所提到的宋医惠清的眼药,由于未写药名的原因,藤原实资最后遵从占卜,废弃了眼药(《小右记》长和三年六月二十八日条)。由此也可看出,他们对未知的宋人治疗的不信任感。

京都国立博物馆所藏《春记》纸背圣教

高山寺本《香字抄》卷上，郁金香

○榛子 無損益但不可多食令人頭痛

●獼猴桃 俗云コクハ 和中 安肝 治黄、疸消渴 又主痔病下气

●枇杷子 下气 止噦 安五藏益人久食發熱黄

●郁子 治水膣利小便 未熟有毒熟者益人

●通草子 利九竅去三虫 止赤白下利 南人謂為鷰覆或烏覆

●覆盆子 益五藏益气力常噉之登仙

●胡頬子 補益五藏益人

●芰實 安中補藏峽物尤冷發冷損陰

●藕實 益气力除百病輕身延年

京都大学本《长生疗养方》卷一第十三，果菜效能

北宋对外交往机制的另一面

——以《参天台五台山记》的记载为线索

朱　溢(复旦大学文史研究院)

一

　　在中国传统社会,周边政权无疑被视作"天下"的边缘,然而,作为天下秩序的一部分,周边政权并非可以全然被中原王朝忽视,更何况一些政权对中原王朝的战略安全起着至关重要的作用,因此对外交往在帝制时代从不间断。中国的史料固然对中原王朝与周边政权的关系有不少记载,但是主要集中在战争方面,对和平交往的记载往往缺乏细节,具有分析价值的信息非常有限。在这方面,域外汉籍可以提供一些可资研讨的史料,使我们有可能对中原王朝对外交往机制的运作有更加深入的了解。因为这些经历是作者亲身体验过的,关心的问题、呈现的视角与中国的史家未尽相同,所以其描述或比中国一侧的史料更加详细生动,或能提供更不一样的历史讯息。

　　在北宋,异域人来华后留下的最翔实的文字记载是日本入宋僧成寻的《参天台五台山记》。熙宁五年(1072),成寻与其他七位日本僧人搭乘宋商的船,偷渡来到中国巡礼,留下了八卷日记。此书的信息非常丰富,对宋代佛教的记载固然是大宗,其他方面的史料同样值得研究。有些学者通过此书探讨了北宋的外交。藤善真澄通过成寻参加的朝见、朝辞礼仪来讨论北宋的宾礼①。远藤隆俊通过成寻记录的北宋各种文书,来考察外国使节与北宋政府的信息沟通②。曹家齐以成寻为考察对象,研究了北宋接待外国使客的制度和机构③。以上几位学者的研究有一个共同点,就是认为北宋朝廷在获知成寻来华后就把他当正式使节来对待。我以为,就这一论断而言,最大的挑战莫过于《续资治通鉴长编》的记载了。元丰六年(1083),曾经随成寻来华的日本僧人快宗等十三人朝见宋神宗,神宗问道:"衣紫方袍者何日所赐?"都承旨张诚一对答:"熙宁中,从其国僧诚寻对见被赐,今再入贡。"神宗说:"非国人入贡也,因其瞻礼天台,故来进见耳。"④很显然,神宗没有将成寻看作前来朝贡的日本国使,前面提到的论著在论证过程中却没有对这条史料进行合理的解释。值得注意的是广濑宪雄的研究成果,他从朝见礼仪的角度考察了宋朝对成寻身份的定位,从而得出结论:成寻并没有被当做正式的国使来接待。他还指出,北宋对成寻的厚待是北宋外交政策的一环,意在要求日本前来朝贡⑤。

我们倾向于宋朝并未视成寻为正式使节的意见,因此,我们没有将北宋政府的应对看作具有强烈政治色彩的外交制度的体现,而是把它放进范围更广、表述更柔和的对外交往机制之中,将其看作对外交往机制的另一种表现形式。本文将围绕《参天台五台山记》的记载,来讨论北宋各级官府如何处理成寻来华后的各项事务,并将结合其他域外汉籍、中国传世文献进行比对,分析此事与接待其他蕃客的情形有何异同,由此北宋后期的对外交往机制庶可获得更为清晰的理解。

二

成寻一行在中国参访期间,与宋朝的地方政府、中央衙署都有不少文书上和面对面的往来。从北宋政府接待成寻的情况来看,在成寻向杭州官府要求参天台山之后到向台州官府要求参五台山之时,朝廷对他们完全不知

① 藤善真澄:《参天台五臺山記の研究》,吹田:关西大学东西学术研究所,2006 年,第 283—317 页。

② 远藤隆俊:《文书中所见宋朝对日本使客之接待——以成寻〈参天台五台山记〉为题材》,收入邓小南、曹家齐、平田茂树编:《文书·政令·信息沟通——以唐宋时期为主》,北京:北京大学出版社,2012 年,第 680—699 页。

③ 曹家齐:《北宋熙宁内诸司及其行政秩序——以参与接待成寻的御药院和客省为中心之考察》,《北京大学学报》2011 年第 2 期,第 131—140 页;《宋朝对外国使客的接待制度——以〈参天台五台山记〉为中心之考察》,《中国史研究》2011 年第 3 期,第 109—124 页。

④ 《续资治通鉴长编》卷三三四元丰六年三月己卯条,北京:中华书局,1979 年,第 8031 页。

⑤ 广濑宪雄:《東アジアの国际秩序と古代日本》,东京:吉川弘文馆,2011 年,第 278—292 页。

晓,只有地方官府为他们提供了一些方便;台州官府向朝廷报告此事后,朝廷予以认可,令台州官府支出费用并派人引伴成寻前往开封;到达开封后,成寻等人由朝廷官员直接进行接待。下面我们来看地方政府对成寻的接待。

熙宁五年四月二十六日,成寻向杭州州衙呈交申文,提出参访天台山的请求。杭州官府的作用主要是通过公文进行审核、批准,除了成寻"昨今出杭州巡礼,欲往台州天台山烧香,供养罗汉一回。成寻等是外国僧,恐关津口本被人根问无去著;乞给公移,随身照会"的请求外,还有陈咏的帖文:"昨于治平二年内,往日本国买卖,与本国僧成寻相识。至熙宁二年,从彼国时载留黄等,杭州抽解买卖。后来一向只在杭、苏州买卖。见在杭州把剑营张三客店内安□。于四月二十日,在本店内逢见日本国僧成寻等八人,称说:'从本国泛海前来,要去台州天台山烧香。'陈咏作通事,引领赴杭州。今日甘课,遂僧同共前去台州天台山烧香。回来杭州,趁船却归本国。"五月一日,成寻等人下榻的旅店店主张三郎被召至州衙,进一步说明了情况:"四月初九日,有广州客人曾聚等,从日本国博买得留黄、水银等,买来杭州市船司抽解。从是本客船上附带本国僧人成寻等八人出来,安下。今来却有明州客人陈咏与送人相识,其陈咏见在江元店安下,本人僧教甘深送僧同共往台州天台烧香,回来杭州,趁船却归本国。如将来却有异同,各甘深罪,不将看。"①三日,州衙还派府使前来,要求成寻等人写上假名。杭州官府于当日发出公移,准许他们离开杭州,前往天台山。次日,他们踏上行程,于十三日到达国清寺,直到二十日,才拿着杭州的公移去见天台县官吏,"以参未文状奉览"②。

按照原先的计划,参访完国清寺后,成寻一行应当回到杭州后乘船归国,就像杭州出具的公移中提到的那样:"出给公移,付客人陈咏收执。可带本国僧成寻等八人,前去台州天台山烧香讫。依前带领逐僧回来当州,趁船却归本国。"③但是,成寻向台州州衙呈交杭州的公移后,提出先游五台山再

① 成寻著,白化文、李鼎霞点校:《参天台五台山记》卷二熙宁五年六月五日条,石家庄:花山文艺出版社,2008 年,第40—41 页。曹家齐推测,成寻之所以不在最初抵达的明州而是到了杭州才提出参访天台山的要求,是因为他与陈咏早有约定,而且后者在苏、杭长期经商,便于活动官府。参见曹家齐:《北宋熙宁间地方行政一瞥——以杭、台二州对日僧成寻之接待为中心的考察》,《江西社会科学》2010 年第 4 期,第129—132 页。这一推测是有道理的,毕竟日本僧人多是通过明州进出中国的,尤其是随同成寻一同前来的赖缘等五人先期回国,也是从明州离开中国的,成寻为此还请求朝廷发牒给明州市舶司给予照料。见《参天台五台山记》卷六熙宁六年正月廿五日条,第 203 页。
② 《参天台五台山记》卷一熙宁五年五月廿日条,第 32 页。
③ 《参天台五台山记》卷二熙宁五年六月五日条,第 41 页。

在国清寺修行三年的打算。台州州衙为此向国清寺发帖照会,国清寺证实了成寻的计划。于是,台州州衙一面出具给杭州州衙的公据,一面要求国清寺妥当安置成寻等人,并且也向杭州州衙出具公据,两份公据由陈咏携带向杭州缴纳①。

在去天台山的路上,成寻等人凭借公移畅通无阻,一路上并没有杭州州衙的官吏跟随,去国清寺之前也没有去过台州州衙或天台县衙。杭州州衙对成寻参访天台山申请的审核、批准,显然没有经过更高级别的官府,这或许说明,在处理那些并不紧要的对外事务上,地方官府有一定的自主权。这种自主权并不是在宋代才有的,黎虎指出,唐代的边境地方政府在处理较低层次的对外问题时,不一定要上报朝廷②。到了宋代,这种自主权似乎有强化的趋势,山崎觉士的研究表明,无论是作为主体,还是作为媒介,明州在对日外交中都扮演着非常重要的作用③。

成寻参访五台山后在国清寺修行三年的要求由台州州衙奏上。同年闰七月,枢密院批复的札子下到台州,并由台州州衙出具帖文给成寻。神宗决定:"成寻等八人,并通事客人陈咏,令台州选差使臣一名,优与盘缠,暂引伴赴阙。仍指挥两浙淮南转运司,令沿路州军厚与照管,量差人船。"④最终,台州州衙确定成寻由内殿崇班、在城兵马都监郑珍引伴⑤。曹家齐据此认为,宋朝已经将成寻当作正式的使节来看待⑥。我以为,这一看法不够妥当,有官员引伴、提供费用船只、沿途州军兵士护送等待遇,并不能证明朝廷将其看做正式使节。我们以官员引伴为例,来说明这一问题。引伴是负责将来访的外国人护送至都城的官员⑦,多数确实用于陪伴正式使节,但是并不尽然,这里可以举几个例子。熙宁五年,"木征进天竺僧二人,诏令押赴传法

① 《参天台五台山记》卷二熙宁五年六月五日条,第41—43页;卷二熙宁五年六月七日条,第44—45页。

② 黎虎:《汉唐外交制度研究》,兰州:兰州大学出版社,1998年,第431—432页。

③ 山崎觉士:《由书简所见的宋代明州对日外交》,收入邓小南、曹家齐、平田茂树编:《文书·政令·信息沟通——以唐宋时期为主》,第700—723页。

④ 《参天台五台山记》卷二熙宁五年闰七月七日条,第61页。

⑤ 《参天台五台山记》卷三熙宁五年八月一日条,第72页。此条将引伴人称为郑崇班,郑珍的全名出现在卷四熙宁五年十月十八日条,第115页。

⑥ 曹家齐:《宋朝对外国使客的接待制度——以〈参天台五台山记〉为中心之考察》,《中国史研究》2011年第3期,第112页。

⑦ 在北宋的大部分时间内,接送、陪伴契丹使者的官员以接伴、送伴、馆伴称呼,引伴、押伴的称呼多用于接送、陪伴其他国家特别是西夏、高丽的使者的官员。梁建国对此有初步讨论,参见氏著:《宋朝接送馆伴使的几个问题》,《隋唐辽宋金元史论丛》第1辑,北京:紫禁城出版社,2011年,第348—351页。不过"馆伴"一词并不专用于陪同契丹使臣的官员。例如,大中祥符二年(1009),"兴州刺史、知府州折惟昌率所部兀泥族大首领明崖等四十七人来朝,贡名马,命中使馆伴,上亲加劳问,

院。明年四月二十三日，诏以使臣引伴住五台山，从其请也，仍给递马驿"①。
木征是唃厮啰的一名酋长，这里的天竺僧人既非木征的使臣，亦非天竺的使
臣，却有引伴的待遇。熙宁九年，神宗批示："高丽僧三人，见寓杭州天竺寺，
可令钤辖司差指使一名，乘驿引伴赴阙。"②元丰八年（高丽宣宗二年，1085），
高丽王子、僧人义天为求法而搭乘宋商林宁的船，偷渡来到中国③，宋朝很清
楚他的身份不是入贡的使节④，但还是以朝奉郎、守尚书主客郎中苏注为引
伴⑤。另外，元丰五年，同样偷渡而来的日僧戒觉向朝廷上奏要求去五台山
参访，得到应允后，在他去开封和五台山的路上，宋朝"以高侍禁为行事
官"⑥，这里的行事官应该就是引伴。可见，引伴的待遇不只正式使节有，朝
廷也时常给予来华的外国僧人。

　　成寻记录了一些与引伴郑珍有关的事情，他主要负责与沿途官府的沟
通。台州州衙给成寻的帖文就提到，除了从台州军资库领取的二百索钱，
"如更要钱及所须物件，即请计会，管伴郑崇班申报经过州军请领"⑦。随着
护送成寻等人的台州兵士的返回和越州兵士的接替，"官钱从今日以'小师
可用'由示崇班了"⑧，我们可以看到，引伴有监督费用支出的作用。与所经
官府的文书沟通、与官吏的来往也是通过引伴进行。例如，成寻等人还在越
州的时候，"从杭州转运使送牒崇班：'日本僧出路，久不见来。钱塘江浅，不

宴赐恩泽甚厚"（《续资治通鉴长编》卷七一大中祥符二年六月庚子条，第1615页）。天圣九年
（1031），资政殿学士晏殊上奏："占城、龟兹、沙州、邛部川蛮族，往往有挈家入贡者，请如先朝故事，委
馆伴使询其道路风俗及绘人物衣冠以上史官。"见《续资治通鉴长编》卷一一〇天圣九年正月庚申
条，第2552页。更为复杂的是，在来宋的异域人笔下，接伴、送伴、馆伴、引伴、押班的使用时常混淆，
如成寻又称郑珍为"管伴"（《参天台五台山记》卷三熙宁五年八月一日条，第72页），"管伴"即"馆
伴"。尽管如此，我们只要将这些用语理解为陪同参访者就可以了。
　　① 《宋会要辑稿》蕃夷四之九〇，北京：中华书局，1957年，第7758页。
　　② 《续资治通鉴长编》卷二七九熙宁九年十二月戊子条，第6831页。
　　③ 《高丽史》卷九〇《王煦传》，四库全书存目丛书史部第161册，济南：齐鲁书社，1996年，第
356页。义天在元丰八年来到中国的说法，还能在其墓志铭中得到证实。朴浩奉的《王释煦墓志铭》
说道："元丰乙丑岁，师以微行越海，巡游宋境。"见金龙善编著：《高丽墓志铭集成》，春川：翰林大学
校出版部，1993年，第31页。"元丰乙丑岁"就是元丰八年。
　　④ 义天曾经想随告哀使来中国，神宗在元丰七年（1084）为此下诏："高丽王子僧统从其徒三十
人来游学，非人贡也。其令礼部别定俟劳之仪。"《续资治通鉴长编》卷三四三元丰七年二月丙戌条，
第8246页。可见，宋朝一直以来都非常清楚义天并非使节的事实。
　　⑤ 义天著，黄纯艳点校：《高丽大觉国师文集》卷五《谢差引伴表》，兰州：甘肃人民出版社，2007
年，第15页。
　　⑥ 戒觉：《渡宋记》，引自王勇、半田晴久：《一部鲜为人知的日本入宋僧巡礼记》，《文献》2004
年第3期，第157页。
　　⑦ 《参天台五台山记》卷三熙宁五年八月一日条，第72页。
　　⑧ 《参天台五台山记》卷三熙宁五年八月十八日条，第78页。

得渡。今日之内可出船。萧山汧水浅,大船不得进,示县:借小船六只,可来者。'"①到了苏州,成寻"与崇班参转运、都督衙,拜谒了"②。

无论是郑珍还是后来陪同戒觉的高某,其职任、官阶都不算很高。在北宋,州兵马都监是知州的属官,主要掌管本城厢军和负责抓捕盗贼,被认为是闲冗之职③。根据《职官分纪》的记载,兵马都监"以阁门祗候以上充"④。阁门祗候属于武阶中的大使臣,郑珍的武阶内殿崇班同样是大使臣,迁转次序在阁门祗候之上,符合兵马都监的任职要求。高某的武阶侍禁属于小使臣。若要有一个直观印象的话,元丰改制后,内殿崇班和侍禁的官品分别为正八品和正九品⑤。除此之外,后来成寻去五台山的引伴刘铎和去天台山的引伴刘政的武阶都是殿直⑥,即小使臣。尽管引伴的功能大同小异,引伴的级别却可以反映朝廷对来者的重视程度。前文提到,元丰八年引伴义天赴阙的苏注是朝奉郎、守尚书主客郎中。朝奉郎为正七品上散官,主客郎中为从六品职事官。另外,陪同义天去天台的杨杰是朝散郎、尚书主客员外郎⑦,朝散郎是从七品上散官,主客员外郎为正七品。义天的引伴、送伴的品级比成寻、戒觉要高,其职位的重要性更是不可同日而语。这里当然有义天是高丽国王宣宗之弟的因素,另一方面与高丽在北宋后期对外交往中的位置有关⑧。

三

接下来,我们来看成寻到达开封后参与处理与其相关的各类事务的朝

---

① 《参天台五台山记》卷三熙宁五年八月十九日条,第 79 页。
② 《参天台五台山记》卷三熙宁五年九月四日条,第 84 页。
③ 赵冬梅:《文武之间:北宋武选官研究》,北京:北京大学出版社,2009 年,第 213—217 页。
④ 《职官分纪》卷三五,景印文渊阁四库全书第 923 册,台北:台湾商务印书馆,1983 年,第 670 页。
⑤ 《宋会要辑稿》职官八之三、四,第 2559 页。
⑥ 《参天台五台山记》卷五熙宁五年十一月一日条,第 137 页;卷七熙宁六年三月廿六日条,第 256 页。
⑦ 《高丽大觉国师文集》卷六《谢差送伴表》,第 21 页。
⑧ 高丽是北宋后期用来牵制辽的重要力量,因此北宋不断提高高丽的待遇,这在高丽使臣的陪同官员级别方面有突出表现。叶梦得《石林燕语》卷七:"国朝馆伴契丹,例用尚书学士。元丰初,高丽入贡,以毕仲衍馆伴。仲衍时为中书舍人,后遂为故事。盖以陪臣处之,下契丹一等也。……大观中,余以中书舍人初差馆伴,未至而迁学士,执政拟改差上,上使仍以余为之。自是王将明等皆以学士馆伴。"北京:中华书局,1984 年,第 95 页。我们看到,高丽使臣的馆伴在徽宗大观年间由中枢舍人升为学士。到了政和年间,陪同高丽使臣的官员改称接伴、送伴,与辽等同:"政和中,升其使为国信,礼在夏国上,与辽人皆隶枢密院;改引伴、押伴官为接送馆伴。"见《宋史》卷四八七《高丽传》,北京:中华书局,1977 年,第 14049 页。

廷机构。

熙宁五年十月成寻等人到达开封后，主要负责宾主双方沟通的机构是传法院、客省。传法院旧名译经院，建立于太平兴国五年（983），太宗"诏中使郑守约就太平兴国寺大殿西度地作译经院"，太平兴国八年改名为传法院，同时另置印经院①。尽管名称有变，但是其功能依旧，还是以译经为主。景祐二年（1035），仁宗令夏竦为传法院撰写碑铭，夏竦在碑文中说道："有诏刊石，译馆之荣，于斯为盛。"②《哲宗正史·职官志》还依然说："传法院掌译经文。"③成寻停留开封期间，传法院承担了不少事情。诸如成寻朝见神宗的申请、朝廷对此的回复、朝廷对成寻前往五台山烧香请求的认可、成寻安排赖缘等人先期回国和自己前往天台山修法的请求、朝廷对此的回复、成寻奏请获得宋朝新译佛经之类的事情，都是通过传法院进行的。成寻的请求一般由传法院发牒给客省，再由客省上达；朝廷回复的公文通过客省下达传法院，再由传法院告知成寻。这些与传法院的固有职能——译经无关，只是传法院因为是成寻的安下之所，故而不可避免地卷进这些与佛教或有关或无关的事情中。

在北宋，客省起初与四方馆、阁门并称横行三司，到了徽宗政和年间，阁门分为东上阁门和西上阁门，引进使从迁转阶次变为引进司的主管，横行五司随之形成④。横行诸司是皇帝与外部世界联系的桥梁，无论是公文信息的上传下达，还是君臣之间的见面接触，都离不开这些机构。由于分工不同，客省的职能侧重于仪物的收取、赐予，这既发生在中央与地方、内廷与外廷之间，也发生在蕃客来朝之时。客省招待帝国内部官员的功能有很多记载。例如，"太祖、太宗朝，藩镇牧伯，沿五代旧制，入觐及被召、使回，客省赍签赐酒食"，真宗也曾下制："仆射、御史大夫、中丞、节度、留后、观察、内客省使、权知开封府，正、至、寒食，并客省赍签赐羊、酒、米、面。"⑤到了崇宁二年（1103），还可以看到礼部上奏："客省签赐臣僚正旦、寒食、冬至节料，并到阙

① 《宋会要辑稿》道释二之五、六，第7891页。熙宁四年（1071）三月，"诏废印经院，其经板付杭州令僧了然主持，了然复固辞。明年八月，乃以付京显圣寺圣寿禅院，令主僧怀谨认印造流行"。见《宋会要辑稿》职官二五之三，第2915页。因为有这一变化，所以两年后成寻上奏请求获得新译佛经时，朝廷令显圣寺印造。
② 夏竦：《文庄集》卷二六《传法院碑铭》，景印文渊阁四库全书第1087册，台北：台湾商务印书馆，1983年，第264页。
③ 《宋会要辑稿》职官二五之二，第2915页。
④ 赵冬梅：《文武之间：北宋武选官研究》，第257—258页。
⑤ 《宋史》卷一一九《礼志二十二》，第2800、2802页。

赐生饩羊,即日阙本色支供,欲乞自今后并支价钱。"①客省在对外交往中也承担了一定的职责。例如,景德二年(1005),真宗"诏韩崇训管勾客省公事,如北使就客省赐酒食,仰崇训伴赐,其客省进目,即令当上阁门使进呈"②。英宗即位后,西夏遣使来贺乾元节(仁宗的诞节),"放夏国使人见,客省以书币入"③。值得注意的是,从神宗朝开始,客省在北宋对外交往中的作用越来越明显。熙宁四年(1071),枢密都承旨李评上奏:"乞应诸国朝贡一司,总领取索诸处文案,会聚照验,预为法式。"于是,神宗"诏除契丹、夏国外,应诸国朝贡,令管勾客省官置局,取索文字"④。汇编周边政权的朝贡往来文字、制定相关法式的机构落在了客省,这是客省参与外交事务程度提升的显著标志,此事正好发生在成寻入宋前的一年。

在成寻等人逗留开封期间,客省先后协助完成了成寻等人朝见神宗、参访五台山、为神宗祈雨、朝辞神宗等事情,主要发挥了以下几项功能。第一是物品的接收、赐予。例如,朝廷在批准成寻一行参访五台山的请求并赐予他们盘缠后,"客省官人来,成寻钱十贯、通事钱五贯下赐,宣旨持来"⑤。成寻等人从五台山回到开封后不久,"客省官人以取受孙宣惑为首,三人绢贰拾匹持来。因赐绢,敕给者"⑥。后来,成寻准备离开开封前往天台山之前,神宗下了一道圣旨:"朝辞日,令客省取旨支赐。"⑦这是客省的一项基本职能,《神宗正史·职官志》就说:"客省掌四方诸蕃国朝贡之仪物,还则授以赐予、诏书。"⑧

第二是导引宾赞的功能。熙宁五年十月二十二日,成寻等人朝见神宗,他们如此进入宫城:"先入一大门,至廊下马。有安下所,悬幕。暂逗留。客省官人引入第二门间,乘马人数百入门——升殿拜礼之人等也。次入第三大门。经数里,入东华门,南廊安下。悬幕帘,立倚子。且备飧膳间,数千人来见。辰二点,客省官人二人来,教立御前呼万岁作法。辰三点,以客省官人并通事为前立,入第四门。"⑨这里的记载可能稍有问题,东华门与朝见地

---

① 《宋会要辑稿》职官三五之五,第 3062 页。
② 《宋会要辑稿》职官三五之一至二,第 3060—3061 页。
③ 《宋会要辑稿》礼四三之一七,第 1424 页。
④ 《宋会要辑稿》职官三五之四,第 3062 页。
⑤ 《参天台五台山记》卷五熙宁五年十一月一日条,第 137 页。
⑥ 《参天台五台山记》卷六熙宁六年正月八日条,第 188 页。
⑦ 《参天台五台山记》卷七熙宁六年三月廿六日条,第 263 页。
⑧ 《宋会要辑稿》职官三五之三,第 3061 页。
⑨ 《参天台五台山记》卷四熙宁五年十月廿二日条,第 120 页。

点延和殿之间不止一个门①，但是客省官吏在引导成寻一行前往内殿、学习行礼方面的作用还是非常清晰的。熙宁六年四月二日，因为即将前往台州，成寻向神宗朝辞。进入宫城后，成寻同样是在客省官吏的陪同下前往内殿的："卯二点，借马四匹，参东华门。途中，客省使三人来向。入三重门。"②

　　第三是在成寻与朝廷各机构的联络中处于枢纽位置。成寻等人住在传法院，他们与朝廷的联系主要通过客省进行，客省要么到传法院直接与成寻联系，要么通过传法院传递文书。我们可以用成寻从台州抵达开封后客省的活动为例来说明。熙宁五年十月十三日，成寻一行在传法院安下，十七日，客省官吏即奉圣旨来传法院，问成寻："何日欲朝见者？"成寻回答："不日朝见。欲参五台山者。"客省官吏说："然者，其申文可进上者。"③客省官吏来问成寻准备何日朝见神宗，成寻除了回答不日朝见外，还提出了参访五台山的愿望。成寻很快通过传法院向客省提出了朝见神宗的请求，传法院给客省的牒文说："据日本国大云寺主阿阇梨位赐紫成寻状：'昨于台州天台国清寺烧香，奉圣旨。'……乃至'引见'者。牒具如前。事须牒客省，请照会施行。"④朝见的时间确定后，客省与成寻之间的联络通过三种方式进行。一是将牒文通过传法院告知成寻："传法院准客省牒，已定今月二十二日令日本国僧成寻等八人并通事陈咏朝见。"二是还通过传法院将阁门对朝见仪制的说明告诉成寻。三是派官吏送文状给成寻和陈咏："客省检会蕃夷朝贡条贯内一项，进奉人入皇城，并令译语官预先行告报，不得将带头刃、怀携文字者。"⑤朝见礼仪结束后不久，参访五台山的申请也得到了神宗的批准，入内内侍省东头供奉官、勾当御药院李舜举"传宣客省，日本国僧成寻等合赴五台山烧香"⑥。

　　汉代以来，尚书主客曹（司）、鸿胪寺是主要的外事管理机构，但是，中晚唐以来，三省六部、九寺五监体制逐渐瓦解，到了北宋，更是只剩下一副空架子和官员身份、品阶的标识，国家行政主要通过差遣的方式完成，直到元丰三年（1080）开始的官制改革，才重新回到三省六部、九寺五监的行政体制。

---

　　① 后来，成寻自己说："次向北行，见东华门：东面南第一门，大楼门七间，有三门户。外面左右有十余间舍，官人进居，朝见之日最初入门也。"见《参天台五台山记》卷四熙宁五年十月廿四日条，第125页。

　　② 《参天台五台山记》卷八熙宁六年四月二日条，第270页。

　　③ 《参天台五台山记》卷四熙宁五年十月十七日条，第114页。

　　④ 《参天台五台山记》卷四熙宁五年十月十八日条，第115页。

　　⑤ 《参天台五台山记》卷四熙宁五年十月廿一日条，第117、119页。

　　⑥ 《参天台五台山记》卷四熙宁五年十月廿四日条，第127页。

成寻来到中国的时候,宋朝的外交事务主要由国信所、都亭西驿、礼宾院、怀远驿等机构负责,按照所涉国家的不同进行对口管理:国信所驿面向辽,都亭西驿面向以西夏为首的河西蕃部,礼宾院面向回鹘、吐蕃、女真等国,怀远驿面向交州、龟兹、大食、于阗等国。成寻一行从台州抵达开封后,这些机构都没有参与接待,而是主要由客省承担成寻与朝廷沟通的工作。正如前文所述,客省固然由于其在皇帝与外部世界的联系中所处的位置,因而在对外交涉中发挥了一定的作用,但是它在本质上不是外交机构。客省在办理与成寻有关的事务时的活跃表现,与其在对外事务中的地位提升有关,同时我们注意到,这在同时期北宋与其他周边政权的交往中是见不到的,这恐怕也是因为朝廷没有将成寻看作正式的使节,故而没有采用正常渠道来处理此事。

除了客省,御药院在成寻停留开封期间起到了很重要的作用。《宋会要辑稿》记载:“御药院在崇政殿后,至道三年置。大中祥符八年,移于崇政殿门外东华门南。宝元二年九月,复移于殿后东庑。皆按局秘方合和御药,专奉禁中之用,及别供御膳。……以入内供奉四人通领,有药童十二人。”①在《参天台五台山记》中,传法院、御药院往往是由同一个内侍勾当,如“入内内侍省东头供奉官勾当御药院传法院李舜举”②、“入内内侍省东头供奉官勾当御药院、权勾当传法院陈遂礼”③。尽管如此,传法院和御药院在处理成寻的事务上还是各有侧重点。传法院是成寻下榻之地,成寻与朝廷各机构的文书联系一般是通过传法院联络客省,再由客省向上奏请,在整个过程中,传法院是窗口,客省是枢纽。同样是内侍管勾的机构,御药院却更像皇帝的私人代表,他们在朝廷各机构与成寻之间的往来文书中甚少出现,主要是作口头传达或代表皇帝赠送物品。成寻抵达开封后,御药院宦官前往传法院的次数就特别频密。熙宁五年十月十三日,成寻入住传法院,“敕使侍中御药来坐,以通事种种事问答”,“从御药许送羊毛叠十枚:染青色,长六尺,广三尺五寸,厚一寸。依宣旨也”④。十四日,御药院宦官来到传法院,用笔写下文字告诉成寻要进呈给神宗的物品:“铜坛具、画功德、皇后经、长发等,祠入内进呈。”⑤十五日,传法院的三藏受神宗之命令向成寻询问日本的制度、

① 《宋会要辑稿》职官一九之一三,第2817页。
② 《参天台五台山记》卷四熙宁五年十月廿二日条,第121页。
③ 《参天台五台山记》卷六熙宁六年正月廿一日条,第200页。标点本在“入内”与“内侍省”之间点断,误,径改。
④ 《参天台五台山记》卷四熙宁五年十月十三日条,第107页。
⑤ 《参天台五台山记》卷四熙宁五年十月十四日条,第108页。

风俗后,"御药来预,院书生令清书来。曰'可进奉'由,示了"①。十六日,"御药来坐,沙汰问答文字"②。

在《参天台五台山记》中,御药院出现在政府公文中的次数极少,这与客省有很大的不同。其中,成寻只向御药院上奏申文的举动更少。熙宁五年十月,成寻在神宗允许他们前往五台山烧香后,就出发时间与御药院内侍有过沟通,并且向御药院奏上申文,希望能够带上陈咏作为随从翻译,也就是《参天台五台山记》中所说的:"通事相去由申文与御药了。"御药院当天就给予答复,"御药'早可赴五台由',仰通事了"③。回复很简单,且不能确定是不是口头的答复,从大量的例子可以看到,向客省奏请得到的回复显然要正式得多、复杂得多。

有时,成寻同时向客省和御药院上奏。熙宁六年(1073)正月,成寻安排赖缘、快宗、惟观、心贤、善久五位僧人经过明州回国,令沙弥长明在投坛受戒后也回日本。十三日,成寻写了申文给勾当御药院的陈遂礼,在说明自己的安排后,成寻请求朝廷为赖缘等人出具公文,以便顺利路过沿途的州县关津,并且下牒给明州市舶司,为赖缘等人在明州的住宿和搭船回国提供方便。另外,成寻希望朝廷就长明受戒之事下札子给戒坛院。对于这些安排,成寻最后在状文中说:"未敢自专,伏乞监使御药大造据状敷奏施行。"④不过,成寻还通过传法院向客省提出书面申请,在文书中,他追加了赖缘等人在二十七日向神宗朝辞的请求。到了二十五日,神宗对此予以同意,客省为此下牒给传法院告知此事:"奉圣旨:'赖缘等五人,传宣枢密院:差三班使臣一名,押伴前去。并给与递马驿券。余并依所乞。'……今奉圣旨,令赖缘等五人于今月二十七日朝辞。"⑤我们看到,为了实现自己的这一计划,成寻分别向御药院内侍和客省提出了请求,朝廷的回复却是通过客省向传法院传递的,这说明,客省是代表朝廷与成寻沟通的正式渠道。

在我看来,客省和御药院代表了成寻与朝廷之间沟通的不同渠道。这里举一个很能说明这个问题的例子。成寻在熙宁五年十月十八日通过传法院向客省奏请去五台山烧香。二十二日,成寻在宫中朝见神宗后,"次敕使御药从御前来,'仰某诸寺可烧香'宣旨。次他敕使从御前来:'仰可参五台

①《参天台五台山记》卷四熙宁五年十月十五日条,第113页。
②《参天台五台山记》卷四熙宁五年十月十六日条,第114页。
③《参天台五台山记》卷四熙宁五年十月廿七日条,第132—133页。
④《参天台五台山记》卷六熙宁六年正月十三日条,第195页。
⑤《参天台五台山记》卷六熙宁六年正月廿五日条,第203页。

山了!'"①然而,朝廷最终是以文书的形式把许可的决定告知成寻的,二十四日,成寻收到了客省的牒文,其中提到:"熙宁五年十月二十二日,入内内侍省东头供奉官勾当御药院李舜举传宣客省,日本国僧成寻等合赴五台山烧香。"②由此看来,在接待成寻的过程中,御药院或是将皇帝的旨意直接传给成寻,或是传到客省,客省转而以文书的形式交给成寻,而客省是代表朝廷与成寻联络、交涉的机关。

与客省相比,御药院的渠道有时显得更加灵活有效。成寻因为要前往天台山而向神宗朝辞,熙宁六年三月二十六日,成寻向客省提出朝辞的请求,因为成寻想要得到的宋朝新译佛经短时间内无法印制出来,客省通过陈咏通知他:"明日不可有朝辞。经若迟出来,朝辞后久留住,可无便者。"③次日,客省的孙宣惑来到传法院,告诉成寻:"新经难早出来,朝辞四月十六日可宣者。"④到了二十八日,御药院建议成寻:"朝辞之后,经廿日、一月更无妨。早可朝辞者。"⑤于是,成寻向客省奏上牒状,请求提前朝辞:"欲乞于四月初二日朝辞,赴台州国清寺。谨具状申客省,乞赐指挥。"⑥四月一日,客省孙宣惑来到传法院,将客省的札子给予成寻,札子除了回应成寻的请求,还要求成寻、圣秀、长明、陈咏:"仰于今月二日绝早趁赴东华门,祗候朝辞。不得怀挟文字并将带头刃,及不得唐突。"⑦御药院因为更为靠近皇帝,透露出来的信息往往更能体现皇帝的旨意。

在成寻参访中国期间,枢密院也起到了一定作用。作为最高军政机关,对外交往自然也在枢密院的管辖范围内,不过,枢密院主要作为决策机构而存在,实际承担的事务较为有限⑧。我们来看《参天台五台山记》中枢密院的记载。在批复成寻等人入京并参访五台山的过程中,台州州衙上奏枢密院,枢密院根据神宗的旨意再下札子给台州州衙,这一点已在前文提及。熙宁

① 《参天台五台山记》卷四熙宁五年十月廿二日条,第 121 页。
② 《参天台五台山记》卷四熙宁五年十月廿四日条,第 127 页。
③ 《参天台五台山记》卷七熙宁六年三月廿六日条,第 262—263 页。
④ 《参天台五台山记》卷七熙宁六年三月廿七日条,第 264 页。
⑤ 《参天台五台山记》卷七熙宁六年三月廿八日条,第 266 页。
⑥ 《参天台五台山记》卷七熙宁六年三月廿九日条,第 267 页。
⑦ 《参天台五台山记》卷八熙宁六年四月一日条,第 269 页。
⑧ 梁天锡和吴晓萍对枢密院在外交领域的作用有详细讨论,参见梁天锡:《宋枢密院制度》,台北:黎明文化事业公司,1981 年,第 749—758 页;吴晓萍:《宋代外交制度研究》,合肥:安徽人民出版社,2006 年,第 31—42 页。不过,吴晓萍将枢密院、主客司、鸿胪寺一并视为外交主管机构,似有不妥,枢密院主要是作为负有一定外交管理权力的最高军政机构而存在,在外交事务中处于决策层位置,主客司、鸿胪寺这样的外交行政机构与显然其不可同日而语。

六年正月,成寻向朝廷奏请赖缘、快宗、惟观、心贤、善久五位僧人经明州回国,神宗为此下旨:"赖缘等五人,传宣枢密院:差三班使臣一名,押伴前去。并给与递马驿券。余并依所乞。"客省在给负责成寻等人住宿起居的传法院的牒文中也提到:"其递马驿券,已具状申枢密院。"①后来,成寻也要离开开封前往天台山,客省孙宣惑来到传法院,告诉成寻:"枢密院牒:使臣船等可送天台。"②送成寻前往天台的使臣随后由枢密院确定③。从这些记载来看,枢密院在成寻访问中国期间起到的作用比较有限,主要是沟通皇帝与其他机构、派遣伴送使臣、确定交通工具。

四

《参天台五台山记》一直是日本研究古代中日关系的学者十分重要的研究资料,近年来,宋史学者开始利用这一史料来研究北宋政府如何处理对外关系,取得了不小的成绩。不过,对于有些学者提出的北宋将成寻视作正式使节的看法,本文持保留乃至怀疑的意见。宋朝给予成寻的引伴、护送并不是正式使节独享的特权,来自周边国家的僧人也时常得到这一待遇。成寻停留开封期间,朝廷对成寻的接待也没有完全走正常渠道,他的各种请求主要通过客省和御药院上达。客省是皇帝与外部世界联系的桥梁,所以在招待国内官员、周边政权使节方面都起到了一定作用。熙宁四年(1071)后,客省在制定朝贡制度方面的作用确实逐渐增大,但是远没有像《参天台五台山记》所描述的那样活跃。在其他周边政权的使节来宋朝时,几乎看不到御药院的活动迹象。在我看来,这些与宋朝没有把成寻看作正式使节有关。

因为倾向于认为宋朝没有将成寻看作正式使节,所以我们不将《参天台五台山记》中的记载视作外交制度的一部分,而是把它作为北宋对外交往机制的另一面,讨论宋朝如何对待非正式使节。除了展示其中的细节,本文还提出了一个概括性的意见,即客省和御药院是成寻与宋朝统治者进行沟通的两种不同渠道:客省代表朝廷,各种重要事情几乎无不以公文的形式通过客省上下传达;御药院代表皇帝,尽管并不是事事都会通过御药院传达旨意,但是御药院的信息渠道更灵活。类似这样的观察,或许可以为我们理解北宋后期的对外交往机制提供一些新的认识。

---

① 《参天台五台山记》卷六熙宁六年正月廿五日条,第203页。
② 《参天台五台山记》卷七熙宁六年三月十八日条,第251页。
③ 《参天台五台山记》卷七熙宁六年三月廿三日条,第256—257页。

从遣明使记录看明朝地方在朝贡制度中的作用

——以嘉靖年间宁波对日本贡使的接待为例①

朱莉丽(复旦大学文史研究院)

朝贡制度是世界上的最古老的外交模式之一,而东亚以中国为中心的朝贡制度尤具典型性。它发源于商周时代古老的畿服制度,确立于西汉,并在后世不断被充实完善。到明朝时,东亚的朝贡体系迎来了其发展的顶峰。明朝继中国历史上第一个统一中原的异族政权元朝而兴的特殊背景,使其对于用来"定亲疏,决嫌疑,别同异,明是非"的礼制尤其重视,也更加重视用朝贡制度来约束域外诸国与明朝的关系。关于明的朝贡制度,前辈学者们已有不少专论。但以往关于制度史的研究有一个明显的倾向,就是较之于考察制度在现实中实施的情况,更倾向于从文本上对制度的沿革做出分析。在对制度史进行宏观的研究时,文本上的梳理不失为一个较为可行的方法。但如果我们试着对朝贡制度进行微观的考察,就发现有很多新的方法、角度和视角可以被采纳。朝贡制度是由宗主国和朝贡国共同参与的一项制度,与中外之间的交流史有着密不可分的关系。朝贡一方对于朝贡制度的记载是产生于交流史中的重要资料,反映的是朝贡制度真正落脚在现实中的样子,与根据中国文献做出的考察可以互为补充和比较,是全面了解朝贡制度所不能忽视的一面。这种记载来自于很多国家,尤以东亚诸国的记载为丰富。本文试图立足于日本遣明使的出使日记,并结合中国方面的记载,对明

① 本研究系复旦大学"985 工程"三期整体推进人文/社会科学研究项目阶段性成果。

嘉靖时期宁波地方在朝贡制度中发挥的作用作一考察。

一、海上迎客——海防卫所在朝贡职务中的职能

有明一代,日本贡舶取道宁波,专接日本贡使的浙江市舶司便设于此。日本贡使在上京朝贡之前,先要在宁波接受明朝对其朝贡资格的确认和对贡物的盘验,并进行一切上京前的准备。而明政府和日本贡使最初的接触,是在他们由海上进入明朝的海防警戒线,也就是沿海卫所的哨探范围开始的。

明嘉靖十八年、日天文八年(1539)的三月五日,以湖心硕鼎为正使、策彦周良为副使的日本三艘遣明船从博多出航,四月十九日自五岛放洋驶向中国。此次贡船采取的是日本学者所称的中国路,也就是从五岛列岛放洋,穿越东海中部,直达杭州湾的航路①。但因为受到季风的影响,三艘贡船都未能按照预计的航线抵达中国。其中一、二号船漂至温州界,经台州界航行至宁波府象山县境②。五月八日自象山县昌国卫前的小岛解缆驶向宁波时,被明朝的卫所侦探到。根据使团副使策彦周良出使明朝期间的日记《初渡集》记载,昌国卫总兵刘东山派百户二人率船前来打探。策彦以笔谈的方式,将船团何日自日本出洋,自日本起航后如何被风吹至温州境,又辗转到昌国的细节告知明朝人员。得到的回复是将船系泊于此,初十日将有军船前来护送至定海关交割。策彦提出使团成员久于海上,俱已疲惫,望能早到定海。或许是日方的要求得到了重视,第二天昌国卫派来警护船四艘,护送使船行至石浦所。次日一支小船自昌国卫而来,向日使通报昌国卫总兵将亲自来贺的消息。策彦周良则通过篙师呈短札给总兵,再次表达了早到定海的愿望。第二天刘东山亲乘画舫来贺,其时"昌国人扣舷发歌,自本船见赠酒及肴。通事为之介。昌国人酩酊之余,要乘本船。船中日众迎候。四

---

① 关于遣明使的航路,具体可参见木宫泰彦著,胡锡年译:《日中文化交流史》,北京:中华书局,1980年,第531页。

② 昌国原为县,始置于北宋熙宁六年,在今浙江省舟山市普陀区。县内经济以渔、盐业为主,与明州间以船通快件。南宋,县内设有津渡舟山渡、金塘渡、竿缆渡。元世祖忽必烈统一江南后,昌国州内又新增册子渡、沈家门渡、泗洲堂(岱山)渡,与城中通航。明洪武十二年,于昌国置守御千户所,十七年改昌国卫。十九年昌国46岛居民徙迁内地,二十年罢县徙卫于象山县天门山,二十七年以卫治悬海徙至象山县之后门山。舟山渡航运日见萧条,过往船舶日渐少见。除朝廷官兵船舶出入海港巡视外,惟中日官方勘合贸易(又称朝贡贸易)船舶尚有过往。至嘉靖年间,葡萄牙人与海盗商人聚集双屿港与大磨山(大猫岛)海面进行走私贸易。据明天启《舟山志》载:舟山渡为舟山关港,册子渡、沈家门渡、泗洲堂渡、嵩梓渡皆废,仅有舟山渡、竿缆渡通渡。当时虽实行"海禁",惟舟山渡仍为海盗商船及战船云集之处。

个人来乘,以同音唱回文还乡曲,一人扣钲而和数阕而彻。酉刻,刘大人乘画船而来,奏乐扣钲少焉……军船数十艘,来护本船"①。这里出现的军船数量远超之前的四艘,可见随着贡船航近中国陆地,明朝方面对其的防范规格也在升级。

贡船在驶向定海途中,因风不顺被迫泊于定海中流,策彦周良的日记中写道"昌国定海之军船亦拥本船而泊于此"②。卫所此举的主要目的在于防范,这在嘉靖三十三年(1554)担任福建市舶司提举的高岐所著《福建市舶司提举志》中有明确说明。琉球国贡船进入福建海域时,"巡司各先申报各衙门,知会把总指挥,即差千百户一员坐驾军船,率领军士防范进港"③。很显然,宁波方面对日本使节的防范规格要高于福建对琉球,这与倭寇这一存在于中日两国之间的特殊现象直接相关。此期间定海卫总兵遣千户二人前来了解使团的情况,询问"来使何臣,通事何臣,进贡方物若干,某方物若干,驾船人伴若干名。自某某年月日起程到此"④,并送来柴束若干。

与此同时,贡船到来的消息由卫所传达至设于宁波的浙江市舶司,市舶司遣通事来了解使团情况。地方的通事有别于鸿胪寺的大通事,被称作"土通事",非专门培养,而是选本土知蕃语者充之,其作用在于"达夷情,宣王化"⑤。通事所询之内容大致同于定海总兵,但进一步要求写明奉何年勘合,有无表笺,进贡的刀枪铠甲、马匹、防船兵器数量,之后还有无船只到来,各船名号等。由于风候不顺,贡船自石浦所行至定海港整整用了六天的时间,抵达定海港后的第二天即五月十七日,策彦周良率领从僧若干人及通事两名上岸拜谒定海知县,这是使团自四月十九日从五岛放洋后首次上岸,中间经过了整整一个月的时间。

十八日,市舶司通事周文衡致书日使,告知巡视海道的浙江提刑按察司副使卢蕙已为进贡事案行宁波府,令把总梁、刘,宁波府通判和市舶司提举魏璜督领通事对使团进行译审。要求日使交待嘉靖二年在宁波府滋事的宗设谦道和宋素卿系何人所派,是否将指挥袁琎掳走。此次日使携来之勘合系何年所赐,有无真正表文。如系真心入贡而非当年滋事之人,则谕以中国

---

① [日]策彦周良:《初渡集》嘉靖十八年五月十日条:"酉刻,刘大人乘画船而来……军船数十艘,来护本船。"牧田谛亮:《策彦入明记的研究》(『策彦入明記の研究』)(上),京都:法藏馆,1955年,第43页。

② 《初渡集》嘉靖十八年五月十三日条,《策彦入明记的研究》(上),第45页。

③ [明]高岐:《福建市舶司提举志》,"宾贡",华东师范大学古籍研究所藏民国二十八年铅印本。

④ 《初渡集》嘉靖十八年五月十四日条,《策彦入明记的研究》(上),第46页。

⑤ 《福建市舶司提举志》"署役"。

法度,令其严守。将兵器收缴,听候宁波府处置。行取布政司勘合底簿,比对印信字号,相同则取彼国表文验看明白。由宁波府负责安插正使、副使、土官等,从商水夫等也需严守中国法度,就馆安歇。相关部门盘收方物,准令日使在嘉宾馆开市买卖,平等交易,严禁没有资格的牙行参与交易。日使需于宁波静待奏请伴送赴京,严禁滋事等①。这道指令基本上将明朝地方在接待和管理贡使时所需履行的职能全部体现出来,在接下来的一节中笔者将予以详述。

次日,海道副使再度致牌日使,要求其二十二日自定海开船到宁波,二十五日在宁波上岸。之后一天,晚于一、二号船出航,并一度漂流至济州岛的三号船,辗转航至定海港,由观海卫出哨,指挥胡纲防送进港。市舶司通事周文衡随即带领日方通事吴荣亲去船上验证,居座周琳交待了三号船自五岛出航后遭遇风波,船舵遭损,颠沛航行,终至定海的细节。周文衡验看了三号船所携来的勘合,系弘治十六号勘合及正德十号勘合,确认了其进贡船的身份。三艘船会合后于次日一同自定海发船驶往宁波,泊于甬江口。

朝贡使团由昌国卫驶往宁波港的过程中,卫所、市舶司、府县官员以及海道发挥了各自的职责。卫所的日常职能是巡视海洋,缉拿海盗,捍卫海防。在外国使节来贡时,其承担的职能主要包括:负责使团成员在海上的安全并对其严加防范;将贡使到来的消息传达给浙江市舶司、宁波府,再由宁波府上告巡视海道的浙江提刑按察司副使;为使团提供淡水、柴火等生活物资等。另有一点值得注意的是,在卫所护送贡船以及与使团成员进行交涉的过程中,有时会有民船和民夫从中协助。比如最初昌国卫派遣警固船护送贡船从昌国卫到石浦所的过程中,因为警固船的数目不足,故当时有三十五艘渔船一同参与护送②。而昌国卫派来给使团传话的小船的篙师,也可以代传日使的短札给总兵。这可能是出于沿海卫所在防御倭寇的过程中与民间形成的某种联防体系。至于浙江市舶司,在此间发挥的职能一是通过通事查验了日本贡使的勘合,履行了"辨其使人表文勘合之真伪"③的职能,二是按海道的指示联合把总、通判对日使进行了译审。负责巡视海道的提刑按察司副使,常驻杭州,他为进贡事案行宁波府,带有督办监察的性质。海道的职权所在,嘉靖《宁波府志》有如下记载:

① 《初渡集》嘉靖十八年五月十八日条,《策彦入明记的研究》(上),第49页。
② 《初渡集》嘉靖十八年五月九日条:"斋后,渔船三十五艘来着本船。已刻,警固船四艘来……午时,开船,泊于石浦所。"《策彦入明记的研究》(上),第43页。
③ 《明史》卷七五,"职官四·市舶提举司",北京:中华书局,1974年,第1848页。

巡视海道按察司副使一人,掌凡经略海防,简练水陆官兵,处备粮饷之事。凡墩台、关堡、船只、器械,时督其属而饬制之。如有怠玩弗虔,及作奸犯科者,以宪令纠治之;凡夷寇告警,及境有草窃,大者则督兵剿之,小则捕而诛之。凡战守之事,胥与总兵同之。其重大者,则以白于抚按,诹之三司,协议而后行之。①

嘉靖二年(1523)日本细川、大内二使争贡②的事件严重威胁了浙江的海防和治安,肩负巡视海道重任的海道副使专门通过市舶司向使团询问了挑起嘉靖二年争贡之乱的使臣系何人所派,并督促贡使严守中国法度③。宁波知府和定海知县则为使团提供了日常饮食和生活用品。

二、迎劳宴飨——宁波地方对日本贡使的接待管理

日使在海上期间明朝对其的处置只是一系列漫长接待工作的开始。正像李庆新在其《明代海外贸易制度》中分析的那样,"在明代地方系统中,不管是沿海还是内陆,在贡道所经省份的各级官府,都承担一定的涉外职能"④。这一结论通过高岐《福建市舶司提举志》中的记载可以得到充分的验证。据载,琉球使团被安置于怀远驿之后,市舶司提举、察院、都布按三司、福州府和闽侯怀三县通力合作,完成了从使臣接待到贡物盘验到廪给供应等各个环节的工作。而《初渡集》所反映出的宁波方面对日本贡使的安置和接待大致同于此。但由于受到嘉靖二年争贡之乱的影响,明朝对此次贡使的接待措施呈现一些不同以往的变化,这些变化从日使的衣食住行等各个方面表现出来。

1. 在宁波期间的住宿

使团到达宁波后,原本应入住设在浙江市舶司中的安远驿。景泰四年(1453)遣明使团来到宁波时,便是入住在此。此次使团从僧笑云瑞䜣的日记中记载:"日本国一号船晓溯浙江,平明达宁波府,乃大明景泰四年癸酉夏

① [明]张时彻等纂修:嘉靖《宁波府志》卷七"经制志",台北:成文出版社 1983 年据明嘉靖三十九年刊本影印本。

② 嘉靖二年,大内、细川两氏的遣明船先后到达宁波。细川氏的副使宋素卿贿赂市舶司太监,使细川船得以后到而先验。随后明朝官员设宴款待日本使节时,又将细川使者之位置于大内使节之上,引起大内使节的不满。大内氏的正使宗设谦道等晚间撬开市舶司存放日本使者兵器的仓库,杀死细川氏的正使瑞佐鸾冈,并追杀宋素卿至余姚。谦道等沿路烧杀抢掠,最后杀死明朝官员夺船逃回日本。

③ 参见《初渡集》嘉靖十八年五月十八日条,《策彦入明记的研究》(上),第 49 页。

④ 李庆新:《明代海外贸易制度》,北京:社会科学文献出版社,2007 年,第 147 页。

四月二十日也。内官陈大人宾迎专使允澎,纲司芳贞,从僧瑞䜣、清启等,就假馆揖茶,乘轿子入驿,驿门额曰'浙江市舶司安远驿'。驿中日本众所馆,额曰'嘉宾',有诸房。房额按(安)字一号房,专使居之。安字二号房,纲司居之。安字三、四号以下,居座、土官次第领之。予居九号房"①。但在策彦周良一行入贡明朝时,原设于安远驿中的嘉宾馆已不复在旧址。原因是嘉靖二年争贡之乱致安远驿中的嘉宾馆被焚毁。此后明朝在原来分置贡使的城东镜清寺的旧址上修建新的嘉宾馆,对此,郑舜功《日本一鉴·穷河话海》中记载:

> 备按国制,日本来贡,初馆使于宁波市舶司……嘉靖癸未,两起贡使俱至宁波,事属违例,于时市舶太监赖恩以两贡使一馆之于市舶司,一馆之于境清寺。馆虽两处,待有偏颇。二使为仇,寺惟燔炳……嘉靖癸未二起贡夷仇杀之后,迄守己亥其修贡,有司议馆之,遂以境清闲基起造嘉宾之馆,向来以处来使也。②

嘉靖《宁波府志》"公署"条中,对于新建之嘉宾馆的情况亦有所说明。

> 嘉宾馆在府治东南江心里。中为厅,凡三间,周围井屋凡三十六间,厅后为川堂,凡三间,又为后堂凡五间,堂之左为庖舍,右为土神祠,为大门,门之外东西为关坊(东曰观国之光,西曰怀远以德)。通衢之东复建二驿馆,以便供应,今并圮。故为境清寺,嘉靖六年(1527)守高弟改为馆。凡遇倭夷入贡,处正副使臣于中,处夷众于四旁舍。③

据策彦记载,"嘉宾堂总门额榜'观国之光'四大字,第二门额'怀柔馆'之三字"④。"出馆则分路于东西,西门有'怀远以德'四字,东门有'观国之光'四字"⑤。这些都印证了《府志》中的记载。《府志》中的"郡治图"对新嘉宾馆的位置做了明确的标识。

从图中可以看出,安远驿在宁波府治偏西北的地方,而新建嘉宾馆靠近灵桥门。迁址后新建之嘉宾馆,较之以前设在安远驿中的旧馆,无论在规模

---

① [日]笑云瑞䜣:《笑云入明记》景泰四年四月二十日条,村井章介、须田牧子:《笑云入明记——日本僧侣所见之明代中国》(『笑雲入明記:日本僧の見た明代中国』),东京:平凡社,2010年,第186页。

② [明]郑舜功:《日本一鉴·穷河话海》卷七"使馆",山东大学图书馆藏民国二十八年据旧抄本影印本。

③ 嘉靖《宁波府志》卷八"公署"。

④ 《初渡集》嘉靖十八年五月二十七日条,《策彦入明记的研究》(上),第56页。

⑤ 《初渡集》嘉靖十八年五月二十九日条,《策彦入明记的研究》(上),第57页。

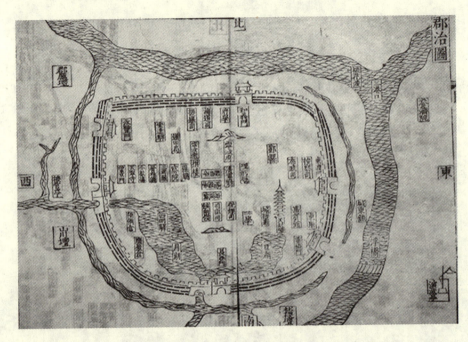

宁波郡治图　嘉靖《宁波府志》

还是功用上都有所变化。《笑云入明记》中的记载显示,安远驿中的嘉宾馆仅作住宿之用,明朝官员款待日使、赠送日使物品以及接受日使拜谒等活动,通常是在市舶司中的勤政堂和安远驿中的观光堂进行。而新建的嘉宾馆,根据《府志》中描述来看,采取了前厅后堂,前、后之间以穿堂相连,即"前堂后寝"的工字型结构。井屋三十六间应是两旁的厢房。厅堂作为平时贡使举行各种仪式[1]或者设宴的场所[2],而明朝官员到访之时,便成为接见和拜谒的场所,也就是说行使了以前勤政堂和观光堂的功能。

　　虽然新建之馆因为从安远驿中分离出来而在建筑面积上有所扩大,但是馆中的设施却似乎不如从前。策彦等于五月二十五日入住嘉宾馆,而到六月六日,鄞县才为日使配置了桌椅,策彦为此呈短疏致谢:"连日阴雨,太苦下湿,得此二物渐安心了"[3],但自己还是因堂内充满湿气,从维护健康的

____

① 参见《初渡集》嘉靖十八年六月十五日条:"辰刻,就嘉宾堂祝圣,唱药师如来宝号,回向了,各开堂。"《策彦入明记的研究》(上),第60页。

② 嘉靖十八年七月十五日条:"午时,就嘉宾堂施食。正使烧香,三英首唱。施食了,于堂后冷面,酒三行。三艘诸役者会合,正使和上命随侍僧施行。大光、均云、船头以下各出费,堺众亦赠孔方一缗,有衬金。正使及予各黄丽,平僧一指。"《策彦入明记的研究》(上),第68页。

③ 《初渡集》嘉靖十八年六月六日条,《策彦入明记的研究》(上),第58页。

考虑出发,买了竹木搭构床座①。七月朔日,策彦又就二、三号船的床张不足之事呈短疏向知府愁诉②,此时距使团入住嘉宾馆已一月有余。新建之嘉宾馆在设施上的不完善由此可见一斑。

2. 在宁波期间的廪粮

根据《大明会典》中的规定,日本进贡人员自入宁波起至回国,所需口粮、菜金,及进京贡方物往返脚力,全由明政府供应,甚至回国途中的口粮也要拨给三十日③。其中,发放给使团正副使、居座、土官等的食品、调料和柴、烛、炭等日常消耗品称作廪给,发给使团中随员和杂役的上述物品称作口粮,二者皆为实物的形式。

嘉靖十八年(1539)五月二十六日早上,使团人员首次领到了他们的廪给和口粮。此前市舶司曾专门致帖给日本贡使,就廪粮问题向其作出说明和承诺:"贡夷使人等合用廪给口粮等,次拟合就行……来夷分别使臣若干,应该廪给若干;从人若干,口粮若干,备查明白,逐一备细开报以凭,转行有司应付实施。务要的确,毋得朦胧。"④但策彦周良却因二十六日的廪给违反旧规呈短札给通事周文衡,向市舶司抗议支给日众的物品与其公开承诺的相去甚远:"今所支给,与板面霄壤矣,不知何义哉。重命有司,照依旧例。则珍珍重重。"⑤

这里所说的"板面"所载为何,在《初渡集》中并未说明,但在策彦的另一部著作《驿程录》中有所记载:

> 嘉靖十八年贡船廪给,即本开板之外照旧例。廪给:米白五升、肉八两、油四两、盐四两、酱四两、醋四两、茶四勾⑥、酒三斤、笋三斤、萝卜三斤、花椒四勾,烛六枚、柴三十斤、炭六斤、以上十四色。口粮:米二升、肉二两、萝卜一斤、柴五斤、酱二两、盐二两。⑦

---

① 《初渡集》嘉靖十八年六月十日条:"今日,买竹木构床座,盖为避下湿也。"《策彦入明记的研究》(上),第59页。

② 《初渡集》嘉靖十八年七月朔日条:"又愁诉二号、三号床张等事。呈,二号、三号诸官员,未有床张等之具。前月既定约束,然而弗蒙支给。想是有司怠吝乎。"《策彦入明记的研究》(上),第65页。

③ 参见张声振:《中日关系史》,长春:吉林文史出版社,1996年,第245页。

④ 《初渡集》嘉靖十八年五月二十四日条,《策彦入明记的研究》(上),第55页。

⑤ 《初渡集》嘉靖十八年五月二十六日条,《策彦入明记的研究》(上),第55页。

⑥ "勾"为日本的重量单位,根据日本1891年的度量衡法,1勾等于3.75克。在古代,"勾"也写作"钱",相当于中国的度量单位"钱"。

⑦ 策彦周良:《驿程录》,《笑云入明记——日本僧侣所见之明代中国》,第251—252页。

对照日使提出抗议后由鄞县提供给一号船的廪粮清单,使臣"每员每日米五升、肉八两、油四两、盐四两,酱四两、醋四两、茶四匀、酒三斤、笋三斤、萝卜三斤,花椒四匀、烛六枝,柴三十斤、炭六斤";从人"每名每日米二升、肉二两、萝卜一斤、柴五斤"①,可知,在日使提出抗议后鄞县基本按照《驿程录》中所记之开板之分提供了廪粮。但策彦周良在给市舶司的短札中所提及的旧例究竟是何时以及何样的规定却难以考定。之前的遣明使留下的资料可以为我们了解这个问题提供一定的参考。

根据日本学者伊川健二的分析,成化四年(1468)遣明使的记录《戊子入明记》中,包含了1433年、1435年、1453年和1468年四次遣明使团的材料共二十一条。其中"专使等六十六员每一员一个月柴九斤"是景泰四年也就是1453年,东洋允澎一行在宁波接受廪给的记录。"酒一员一日半瓶、油一员一日四两、盐一员一日四两、酱一员一日四两、茶一员一日一两、花椒一员一日一两,烛一员一日十枚、炭一员一日十个、肉一员一日八两、笋干一斤"②,上述物品再加上一个月"柴九百斤"(即合每日每员柴三十斤),应该就是景泰四年遣明使团中的官员在宁波时所得之廪给,而同书所记载的景泰四年从人口粮,是"酱一人分五钱,盐一人分五钱,柴一人分五斤,菜一人分四两"。虽然《戊子入明记》中的记录只是一些片段,无法完整地反映出景泰四年和成化四年使遣明使团所接受廪给的情况。但根据存留下来的这些信息,我们仍然可以得知,明政府发给日使的廪给和口粮的数目并非一成不变,景泰四年和嘉靖十八年所提供的廪粮的种类和数目虽然相近,但不是完全相同。策彦所屡屡提到的旧例,也许只是明政府在历次遣明使团前来时发放廪给口粮较多时的量。

明朝方面就策彦的抗议究竟给予了怎样的处理,策彦在日记中并没有写明。但据闰七月七日他呈给知府的短疏中所写"就馆之后,廪给支配,不失旧例者,才一月许"一句可知,在这件事情上明政府一度满足了日方的要求。但似乎并未持续多久,因为接下来策彦又在这封短疏中愁诉近来支给延迟,计件不正,质量不佳,"或米之红陈者,或酒之薄浊者,醋也、酱也混杂以水。经宿则其味太酸,而难下咽喉。是故胸中不稳,有生疾者,有抵死者,各人苦之"。而且从上月初七日以后"诸菜不洽,旅疱将空",虽然早晚催促通事,但"犹未克达"③。策彦的描述或许有所夸大,但是明朝方面没有按时

① 参见《初渡集》嘉靖十八年五月二十六日条,《策彦入明记的研究》(上),第56页。
② 《戊子入明记》,《策彦入明记的研究》(上),第364页。
③ 《初渡集》嘉靖十八年闰七月七日条,《策彦入明记的研究》(上),第73页。

发给日使廪粮，所给食物的质量不佳当是事实。策彦怀疑是"通事与诸司相谋，而行此事"①。这从一个侧面反映出宁波方面在接待工作上的疏漏，以及当时极有可能存在的通事勾结有关官员中饱私囊的现象。而使团自北京朝贡回还后，宁波提供给使节的廪给不再是实物而是以银两的形式，官员每月可得廪银一两三匁五分，柴束则另算在外。

3. 筵宴及日常管理

万历重修《大明会典》"管待番夷土官筵宴"条中规定："日本国，筵宴二次。使臣回还，至宁波府管待一次"②。实际上，日本使臣除了在完成朝贡返回宁波时受到宴请之外，在上京前也有"礼宾宴"。嘉靖十八年九月二十九日，已经在宁波住留了五个多月的贡使在市舶司的附属设施"东库"接受了"礼宾宴"。"正使和上及予、两居座、两土官、从僧、船头并商从人、水夫等赴之。堂前横额书'礼宾宴'三大字，新揭之。前度进贡了庵和上正使之时，大监迎候相伴。今以太监不来，三府、提举司代而迎接光伴。是以呈短疏于三司、御史，诘非旧规"③。三府即通判，因职位低于知府、同知，故名。

从策彦的陈述中可知，款待日使的礼宾宴应由太监主持，一并结合景泰四年（1453）、正德七年（1512）和嘉靖二年（1523）款待日使的宴会也是由市舶太监主持，可知此为惯例。虽然宁波的市舶太监在嘉靖八年被裁撤，但依据《初渡集》的记载，礼宾宴原定由兼管市舶的镇守太监主持。但镇守太监临时应朝命进京，故改由宁波府通判联同市舶司提举主持宴会。日本使臣认为此举是对日方接待规格的大大降低，故向三司、御史投诉："弊帮虽偏小，生等悠持使节而来，岂忍辱吾王乎？不如随例如法实行。"④但未得准许。而到嘉靖二十七年（1548）日本再来贡时，镇守太监也已被裁革，礼宾宴的场所又改到了按察司。"午时，就按察司激扬堂，下饭，调华膳，酒七八行。堂后，主位头，予宾位头，副使、诸役者次第并榻，二府、三府内伴。恒例于东库里下饭，今东库太荒废，以故于按察司行之"⑤。几乎同时期，福建接琉球贡使的礼宾宴却是由都司主持。"提举司据差来夷官呈请筵宴缘由，备申布政司，行福州府闽、侯、怀三县，照依旧规办宴，于都司堂上宴待。掌印都司一

① 《初渡集》嘉靖十八年闰七月七日条，《策彦入明记的研究》（上），第 73 页。
② 万历重修《大明会典》卷一一四"精膳清吏司·膳羞一·管待番夷土官筵宴"，扬州：广陵书社，2007 年，第 1675 页。
③ 《初渡集》嘉靖十八年九月二十九日条，《策彦入明记的研究》（上），第 91 页。
④ 《初渡集》嘉靖十八年九月二十九日条，《策彦入明记的研究》（上），第 91 页。
⑤ 《再渡集》嘉靖二十七年九月十八日条，《策彦入明记的研究》（上），第 237 页

员主宴,三卫排列队伍防范"①。可见自市舶太监被裁后,地方上主持宴会的官员,常因时因地而变,似乎并无定制。关于地方陪宴官员的范围,万历重修《大明会典》中的记载可资参考:"回还之日,差官伴送,沿途备办饭食,经过去处茶饭管待,各有次数。许镇守、总兵、或三司、或府卫正官二三陪席。"②

而在日常管理方面,因为倭寇肆虐,加之嘉靖二年争贡之乱的痛苦记忆,宁波方面对此次贡使的约束尤其严格,海道、市舶司提举、知府等屡向日使强调明朝法纪,不许日使随意外出走动。对此日使做出了抗议。嘉靖十八年(1539)的六月十五日,策彦呈短书于镇守太监,言日众"淹屈海洋久矣,顷者虽偶处馆里,门吏紧严,不许容易往还,终日惘然,颇以有病者。不游名区,不入胜境,何以忘羁旅之劳。可不怜悯乎?"③未获答复,策彦复于十七日再度上书太监、海道、知府:"就馆以来,一出一入,除官事外,弗蒙许诺,生等何以得安心宁处。北京诏书若迟延,则积郁之余恐生疾病,迷惑之甚者也。前年进贡使臣,著府不几,见许以馆外往来。弗必待天朝诏命,盖依旧例也,非在新事。……伏希悯生等远来艰难,与本府老爹相谋,速赐宥许,通行无累。"④经过策彦屡次争取,二十三日宁波方面终于允许日众前往宁波城中的补陀寺参诣,但仍不许日众涉足城郊的天童寺、阿育王寺,而此二寺是之前的日本贡使必游之地。由此可见宁波方面对此次贡使的日常管理较之以往历次更为严格。

三、入贡地对贡物的点检验收

贡使在宁波上陆后,贡物的点检、入库和上京时的提出是一个颇费周章的过程。一方面由于明朝实行厚往薄来的政策,造成各国争相来中国朝贡;另一方面朝贡各国的手工业在此时也都达到了较高的水平,因此贡使们携来的朝贡贸易物品数量颇多。当时日本使团携来的方物分两种,一种是由大内氏置办、以日本国王的名义献给明朝的贡物;一种是使臣或商人用来贸易的搭附物件。在使团到达宁波后,贡物会被陆续搬运到陆上,经有关官员点检后入库封存,直至确定日使上京朝贡之日,再从库中取出,由市舶司提举带人护送进京。

---

① 《福建市舶司提举志》"宾贡"。
② 万历重修《大明会典》卷一一四"精膳清吏司·膳羞一·管待番夷土官筵宴",第1674页。
③ 《初渡集》嘉靖十八年六月十五日条,《策彦入明记的研究》(上),第60—61页。
④ 《初渡集》嘉靖十八年六月十七日条,《策彦入明记的研究》(上),第61页。

前文提到,在使团到达宁波前,定海总兵、市舶司以及海道就已经数度遣人到船上就贡品的种类和数量进行询问。嘉靖十八年五月二十五日,一号船诸官员率先在宁波上岸,接受明朝方面对自己所携带货物的盘验,然后方能入住嘉宾馆。隔日,二、三号船官员上岸,暂在宁波城外的假屋休息,接受两船所载货物的点检,正副使等一号船上的官员亲赴现场进行见证。

从五月二十五日一号船官员上岸开始,到六月十二日前后,贡物入库前的点检持续了半月左右。除去因雨取消的两次外,共进行了五次。负责主持的是"钦差镇守浙江等处地方监管市舶务御马监太监刘",中方参与的官员包括海道、宁波知府、鄞县知县等。而日方的重要官员,包括正副使和土官两名、居座两名要在每次点检时前去见证。贡物点检完毕后被收于东库。东库即市舶司的仓库,"设在城东灵桥门内,宋时称务,元改为库,内有廒房二十八间,以'天开瀛海藏珍府,今日规模复鼎新。货卖流通来万宝,福基绵远庆千春'为号。另有库屋并前轩六间,外门楼三间,以备关防。明初改为广盈东仓,永乐三年复称市舶司库,俗称东库"①。待日使将要上京之时,还要再行盘验。此时因带管市舶务的镇守太监已应诏进京,盘验工作由海道、浙江布政使、都指挥使、巡按监察御史等协同执行。盘验工作因御史生病而延迟了几日,知府致牌日使"察院今日未得盘验,俟有定期,再与说知,不必悬待"②。说明盘验时,代天子巡视地方的巡按监察御史不能缺席。嘉靖十八年闰七月,当日使来贡的消息传达北京后,"上曰:夷性多谲,不可轻信。所在巡按御史督同三司官严加译审。果系效顺,如例起送,仍严禁所在居民无私与交通,以滋祸乱,余如所拟"③。御史回京后,可直接赴御前复奏,故他的见证至关重要。

关于盘验方物的流程,遣明使的日记中并没有特别清楚地反映,倒是明人高岐的《福建市舶司提举志》中记载颇详。虽然其记载的是嘉靖年间福建方面验收琉球贡使的情况,但无论是贡路取道海上这一点,还是进贡方物的种类,琉球和日本都有很大的相似性,所以高岐的记载可以为我们了解日本使团所携来的贡物在宁波被验收的过程提供十分有力的旁证。

高岐所记载的流程如下:

---

① 王慕民:《明代宁波在中日经济交往中的地位——兼论官民贸易方式的转变与嘉靖"大倭乱"的起因》,载《宁波大学学报》2004 年第 5 期。

② 《初渡集》天文八年九月二十四日条,《策彦入明记的研究》(上),第 89 页。

③ 《明世宗实录》卷二二七,嘉靖十八年闰七月甲辰条,台北:中研院历史语言研究所校印本,第 4078 页。

1. 贡物运送到厂。（进贡方物、行李令芋原驿取拨站船装运。缘由申蒙布政使司，会差原委官预先禀请察院并都布按三司封皮，到船验封开艍，先将方物盘过，站船如法封钉固密。取具船户领状附卷，著令驾到进贡厂河下听候会盘。将各夷行李搬运入驿，具由申报提举司，又据夷官呈请会盘缘由，申详察院批行。布政使司择日札行提举司，另具日期、封皮张数、手本，禀请各衙门按临到厂会盘。）

2. 开封验看方物。（原委官员先禀验封艍，提举司行闽、侯、怀三县查照旧规，备办笋桶、杠索、合用家伙物件送厂，仍去行匠辨验方物。……各大小衙门官员具到进贡厂，听候会盘。）

3. 方物加工装盛。（察院并都布按三司各差人赍本赴北京走报后，布按二司会委官一员同提举司官共同到厂开库，拘集油炭等行办料，将原进草包、生硫磺眼同拆开，督匠验看成色，照依旧规舂筛，如法煎销成饼，一面行拘匠作照依上年式样做办杠桶、蓝袋、杠索、罩架、黄袱、旗棍等件，装盛方物。杠数申报布政司，委官解杠，提举司择具封杠。日期并封皮式样张数，呈报刊刻。印给原委官员领带到厂，公同验看明白，逐杠钉封，照旧收库。提举司照依旧规，军三民七派夫。申详布政司行福州府闽、侯、怀三县并三山驿递，都司行福州左、右、中三卫，各照派杠数，拨夫到厂听用。）

4. 部分方物交纳南京内库。（都、布、按三司会委千百户四员，内二员护送夷使赴北京，二员同提举司差看厂，雇当殷实户二名，领解方物赴南京内库交纳，奉获长单批回赴卷。察院并都、布、按三司及提举司各差人赍方物数目本册赴北京投递。）

5. 方物起送上京。（在款待贡使完毕确定上京日期后，提举仍择具起杠日期，手本禀知起杠之日，禀请三司先到西门楼城上送杠出城，取具解杠，官并芋源驿递，各领状缴报。其夷使赴京，具呈提举司转申布政司呈详，起关应付。自柔远驿起程往芋源驿，由延平、建宁、崇安过山，浙江直抵北京。）①

高岐乃明嘉靖三十三年官福建市舶提举司，故其记载的方物盘验流程应该与嘉靖十八年宁波方面盘验日本方物的过程大体相符。但值得注意的是，在高岐的记载中没有镇守太监的参与。

《初渡集》的记载多处体现出镇守太监在宁波处理朝贡事务时的主导作用。镇守太监兼管市舶务，可以说是对之前中官把持市舶传统的延续。永

乐年间,命内臣齐喜提督广东市舶,其后往浙江、福建派遣中官,设置提督市舶衙门,在市舶提举司之外形成新的市舶管理机构。市舶司属布政司管辖,而市舶太监直隶内府,凌驾于市舶司之上,体现了朝廷对朝贡的直接管理和垂直领导。嘉靖二年因浙江市舶太监受贿而引起的争贡之乱影响恶劣,朝议纷纭。嘉靖八年(1529)浙江提督市舶一员依旨裁革,"市舶事务并于各镇守太监兼理"①。另据嘉靖八年广东巡抚都御史林富奏请裁撤广东市舶、珠池的内官的上疏中提到"若欲查照浙江、福建事例,归并总镇太监带管,似亦相应。但两广事情与他省不同,总镇太监驻扎梧州,若番舶到时,前诣广东省城,或久防机务,所过地方,且多烦扰,引惹番商,因而陬至军门,不无有失大体。故臣愚以为不如令海道副使带管支边也"②可知,在浙江、福建,其时的确是由镇守太监兼管市舶务。而在广东,因镇守太监驻扎梧州距广州路程遥远多有不便,故黄佐上疏要求由海道副使带管市舶务。只不过,福建、浙江等省的镇守太监在不久后的嘉靖十年(1531)也被裁撤,"闰六月己丑,罢浙江、湖广、福建、两广及独石、万全、永宁镇守中官"③,但裁撤后又有反复。方志远在《明代国家权力结构及运行机制》中分析到,虽然沈德符《万历野获编》记载镇守中官在嘉靖十七年、十八年之间曾被复设④,但实际上并未施行⑤。然而《初渡集》的记载则明确反映出,在嘉靖十八年五、六月之间,不但浙江的镇守太监仍在,而且有兼管市舶的职能,这从一个侧面证明了嘉靖年间镇守太监的复设确有其事。而到嘉靖二十七年(1548)策彦周良作为正使再次来中国朝贡时,在宁波便已没有了镇守太监对朝贡事务的参与,成书年代更晚一些的高岐的《福建市舶司提举志》中也未提及镇守太监参与朝贡事务。由此可以推知嘉靖年间浙江、福建等处的镇守太监彻底被裁,应该是嘉靖十八年至二十七年之间的事情。而唯一存留的镇守黄花镇一处太监,

① 《明世宗实录》卷九九,嘉靖八年三月甲子条,第2359页。

② [明]戴璟修、张岳等纂:嘉靖《广东通志初稿》卷三十《珠池》,北京图书古籍珍本丛刊38,北京:北京书目文献出版社1998年据明嘉靖刻本影印本。

③ 《明史》卷一七,"世宗一",第224页。

④ [明]沈德符:《万历野获编》卷六,"内监·镇守内臣革复":"镇守内臣之革,在嘉靖九年十年间,天下称快。此正张永嘉入相时也。至十七年,而太师武定侯郭勋,奏请复之。上许云贵、两广、四川、福建、湖广、江西、浙江、大同等边,各仍设一人。中外大骇。时任邱李文康当国,不能救正。人共惜之。十八年四月,以彗星示变,将新复镇守内臣,尽皆取回,遂不再设。距用郭言,甫匝岁耳。是时当国者,为夏贵溪。而严分宜为太宗伯,题请得旨,其功亦不细。今人但知裁革镇守,归美于永嘉,而夏、严二公,遂不复齿及,岂因人而没其善耶?抑未究心故实也。"北京:中华书局,1980年,第167页。

⑤ 参见方志远:《明代国家权力结构及运行机制》,北京:科学出版社,2008年,第280页。

也因嘉靖四十年直隶巡按御史黄纪的弹劾①于嘉靖四十年革去。当然其在天启、崇祯年间的复设又为后话。

四、结语

以上便是日本遣明使的记录和中方相关史料所反映出的嘉靖年间明朝地方系统在宁波对日本贡使的接待情况。这些是我们了解明朝朝贡制度的一个不可遗漏的环节。通过以上的分析,我们可以得到以下重要的信息:

第一,贡道所经地方的主管一省之行政、司法和军事的官员,均会在朝贡事务中所发挥一定的作用。虽然明承宋元旧制设市舶司管理贡舶,但市舶司并非地方上朝贡事务的主管机构。主管朝贡事务的是掌管一省民政的布政使司,市舶司是其下属机构。同时由中官主导的提督市舶衙门直隶内府,形成与市舶司平行的系统。在市舶太监被裁撤前,市舶衙门是处理地方朝贡事务时的实际主导机构,隶属布政使司的市舶司也需听其差遣。而都司和巡视海道的按察副使以及府县官员也都会参与朝贡事务的处理。海道的职责主要在于维持法纪,约束贡使在宁波期间的行为,都司则通过下属卫所负责贡使由海上到来时和从海上离去时的护送和防范工作。知府参与对贡使的日常管理,而知县则负责为使团提供廪给口粮。明朝地方各级官员在处理朝贡事务时职责各有侧重,通过相互协调来共同履行对使臣的接待和对贡物的盘验等朝贡制度的重要环节。

第二,受明朝内政及外交状况影响,地方上对贡使的接待和管理制度会因时因地做出调整。日本贡使的历次日记中所反映的宁波地方对其的处置措施并不完全相同,就本文所主要讨论的嘉靖十八年的情况而言,受到因嘉靖二年争贡之乱以及世宗整肃中官举措的影响,宁波方面对贡使的处置措施出现了明显的变化。这些变化在接待人员、安置设施和贡使待遇等各个层面体现出来。而通过将日本使节的记录与《福建市舶司提举志》及黄佐《广东通志》等记载的比较可知,即便在同一时期,宁波、福州和广州对外国使臣的接待措施存在不少差异。也就是说,即便有中央的定制可循,地方上对贡使具体的接待工作仍可因时因事制宜。

第三,因明朝内政变迁而导致的职官兴废和官员职掌范围的收缩,会引

---

① [明]王世贞:《弇山堂别集》卷一〇〇,"中官考"十一:"(嘉靖)四十年巡按御史黄纪勘奏黄花镇守备太监纪阳残害不法,大坏边防。因言边关守备太监之设其来已久,荷皇上洞烛边情,尽行裁革,独黄花镇一人以保重地。臣谓本镇既有兵备又有参将守备等官,则训练防守自不乏人,太监自为虚设。况此辈类多残贪怯懦,原非可寄以兵柄者,请并革之。疏入,上诏锦衣卫逮阳赴京,员缺不必更补。"京都大学文学部藏万历庚寅(1590)金陵刻本。

发地方上朝贡事务主导权的转移。就嘉靖年间的情况而言,从嘉靖初年到嘉靖末年,地方上主导朝贡事务的权力由市舶太监转至海道副使,中间还经过了镇守太监带管市舶事务这一过渡阶段。明朝中官在国家权力中的沉浮,通过朝贡事务这一侧面也得到了反映。

　　此上种种均表明,尽管在制度沿革层面的变化并不明显,但在现实的操作过程中,地方对贡使的处置措施几经调整。制度在现实实施中的复杂程度永远超过我们在文本上能够看到的有关"规定"。日本遣明使的记录一方面使我们得以了解到朝贡制度的"受众"对朝贡制度的观感,从而可以从明代朝贡制度主客体双方的角度对这一制度重新作出检讨;另一方面反映了中方记载中所未能体现出的朝贡制度在现实操作层面中某些具体的变化,为我们了解朝贡制度在现实中实施的具体形态提供了重要的凭证。

关于战后日本的中国思想史研究趋势变化之小考

——主要以岛田虔次和沟口雄三为例

伊东贵之(日本·国际日本文化研究中心)

可称为时代之烙印的这个东西真是让人不可思议。每当我一边比较岛田虔次(1917—2000)和丸山真男(1914—1996)二位的成就一边思考其中的意义时,这种感触就尤为深刻。前者是引领了战后的中国明清及近代思想史研究的东洋史学家,而后者则专攻日本近世及近代政治思想史。

二战后日本对东亚、中国及日本的思想史研究在展开之际首先对战前的历史学进行了反省,同时肩负着否定和克服所谓"亚洲停滞论"的迫切任务。当时被着重强调的立场就是:不待来自"西方的冲击",在近代以前无论是中国还是日本就已经自动自然地孕育了独自的近代性萌芽。

以此种见解为基础的代表性论著先有中国史学及中国思想史研领域的岛田虔次的《中国近代思惟的挫折》(『中国における近代的思惟の挫折』,筑摩书房,初版为1949年、修订版为1970年、现存平凡社东洋文库版),接着有丸山真男的《日本政治思想史研究》(『日本政治思想史研究』,东京大学出版会,1952年)。这两本著作的主要内容基本上在战争期间就写好了,当时两位作者都尚未出名,彼此间自然也没有往来或通信,而且他们研究的对象及时代也截然不同,岛田主要研究明代的中国思想,而丸山主要涉及江户时代的日本思想。尽管如此,这两部著作却有着相通之处,即分别在中国和日本身上试图从朱子学解体过程中发现近代性思维模式的萌芽。而且,他们在问题意识及研究视角方面的相符之处也多得令人吃惊。

島田通过与京都帝国大学的前辈安田二郎的交流并受其影响,很早就摆脱了汉学的方法论,他在前文提到的处女作中用极为宽广的视角描绘了所谓阳明学左派的历史展开过程,从明朝中叶的王守仁(阳明)、历经泰州学派再到李贽(卓吾)为止,这部著作甚至成功地再度为当时的社会注入了新鲜的空气。然而,从结论上来说,島田虽然一边从当时的思想史发展过程中去读取"天理"和"人欲"以至"天和人的分裂",甚至个人的凸显以及近代市民意识的萌芽,但也展示了它们最终由于过早的出现而不得不遭遇挫折的印迹。毋庸赘言,这种视角源自弗兰茨·鲍克瑙(Franz Borkenau),同时与丸山的也非常相似,后者以所谓从"自然"到"作为"的形式描画了近代性产生的轨迹。除此之外,后来島田自己在其准学位论文、也是另一部主要著作《朱子学与阳明学》(『朱子学と陽明学』,岩波新书,1967 年)中,将阳明学发展的终点认定为"'内'之凯歌"、"圣人之道'内'化的极致",同时将徂徕学评价为"'道'之彻底外在化"。可以说,这种态度也恰巧与丸山的观点相辅相成。反过来也一样,丸山高度评价了徂徕学的特点,却几乎无视阳明学的存在。

島田的这种框架也成了日后引起批判的缘由,因为他把西方的价值标准简单地套在中国身上。而提出这种批判性论点的代表作中就有后文要叙述的沟口雄三(1932—2010)的《近代以前中国思想的曲折与展开》(『中国前近代思想の屈折と展開』,东京大学出版会,1980 年)。不过,島田的视角及立场事实上有些复杂,在某种意义上甚至流露出激烈的波动及曲折。他本人就在前面举出的处女作中告白说自己是"所谓的近代主义者,不,甚至是欧洲主义者",并将该著作的立场概括为,"在建立市民社会的近世之际,有力的欧洲式的东西被当做法则和典型举出,我试图将旧中国放在那个对象上来理解",而与此同时,他又毫不遮掩自己对中国儒家中某些部分的"满腔共鸣"。总的来说,他无疑是将西欧近代人文主义当做理念式的典型的,同时又将特殊的中国框架放入括弧中,还表现出有志于可称为世界史和全人类的普遍性的明显倾向。这部分可能在某处是与島田从年轻时起就是个世界语提倡者这不为人知的一面互相吻合。

后来越是接近晚年,島田的口吻中越是回响着某种沉重的旋律。每当翻开他的《尊重隐者——中国的历史哲学》(『隠者の尊重—中国の歴史哲学』,筑摩书房,1997 年)以及去世后被公开发行的遗稿集《中国的传统思想》(『中国の伝統思想』,みすず书房,2001 年)等作品时,就会发现他壮年期之前那种充满感情的蓬勃的风格悄然隐身,转而呈现出一种只能说是对过去的伟大文明所作的挽歌或诔歌式的悲痛赞歌。回想起来,更早期的《中国革命的先驱者们》(『中国革命の先駆者たち』,筑摩丛书,1965 年)等作品中就潜伏着一种对最终未能实现西欧式近代化的传统中国而生的悲愤与痛惜的情绪。岛田还不时提倡应该正当评价"儒教的现代性",然而这种提倡绝对算不上高调,其中的缘由可能与他谦虚的品格和对历史的通透理解有关。他对儒教思想本身伴随着热爱与执着的深邃造诣及渊博知识还明显地体现在其他许多论考、译注、解说以及同为遗稿集的《中国思想史研究》(『中国思想史の研究』,京都大学学术出版会,2002 年)等作品中。

总而言之,战后日本对中国近代以前以至近代思想史的研究尽管个个独具匠心,然而由于受到同时代思潮的刺激,在研究视角及手法以至它们依据的立场这些表面上的差异之下,它们在总体上表现出了某种奇妙的相似性。例如狄百瑞(Wm. Theodore de Bary)就对上述过去的各种倾向甚至其身后存在的系统问题从根本上提出了疑问,并将其大致概括如下〔《与众人一起》(「人の徒とともに」),林文孝译,载《中国——社会与文化》第 6 期,1991 年〕。按照他的看法,那些研究特别是在评价李贽以及所谓的阳明学(王学)左派即泰州学派时,基本上都将他们"当做新儒家的反对者、叛徒、异端来称赞",他们立足于一种先入为主的观念,即"只有将打破传统的革命家的任务分派给他们,才能对他们抱有善意的关注",换言之,"只有看起来具有'近代性'、对异端及革命家表现出近代性的偏好,他们只有被赋予这种功能时才具备重要性"。

狄百瑞在评价这种可称为多数研究者默许的前提的倾向时,甚至使用了"'解放史观'(liberationist)意识形态的专制"这种象征性的表达方式。此处所说的"解放"当然只能是指摆脱以朱子学为中心的儒教传统,它成了"桎梏"及"束缚"的代名词;具体而言,在这一时期"个人"的凸显或"自由"、"欲望"的充实等被赋予了正面价值,它们被看做走向"近代"的有效标杆且具有一定的历史意义,然而同时我们也无法否定那伴随着研究上不可避免的先入观念及倾向性。而上述岛田虔次的主要著作《中国近代思惟的挫折》(1949 年)所代表的先驱性成就在此正好成为了狄百瑞批判的俎上鱼肉,可被看做体现上述理论的最佳案例。

此外,上文举出的丸山真男的《日本政治思想史研究》(1952 年)也模仿着欧洲中世纪托马斯・阿奎那(Thomas Aquinas)的中世纪自然法秩序构图,指责朱子学停滞不前的性格;与此相对,守本顺一郎(1922—1977)的《东洋政治思想史研究》(1967 年)则根据马克思主义的历史阶段论,先后将被视为古代思维的佛教和朱子学看做封建性思维。这些著作尽管有着政治上或者思想上的不同立场,然而它们在用固定图式来理解朱子学这点上都表现出共同的评价标准及倾向性的前提。

接下来,例如荒木见悟(1917—至今)从主要以朱子学和阳明学为中心的传统中国哲学领域的研究出发,在其主要著作《佛教与儒教——中国思想的构成者》(『仏教と儒教—中国思想を形成するもの』,平乐寺书店,1963年)等作品中,用自己独特的视角加入了对佛教思想的解读,以探明两者的相互影响及关联。这让这一时期的思想史研究变得更加不稳定和晦暗,但同时也因为提出了贯通二者的思维结构和理论结构等而打开了许多崭新的局面。荒木的研究即使在这层意义上也是划时代性的,但他也在基本视角的问题上表现出相似的结构,一方面是对世人现实状态的把握和认识,另一方面追求其本来状态,他在两者之间不断往复地纠葛和矛盾,凸显出"固有性/现实性"这一问题结构。这种模式的一种变形就是"理学"(朱子学)的束缚和试图冲破其外壳的"心学"(阳明学)之间的对抗图式,他虽然挖掘出了这种模式,但这种框架的设定本身就在总体上体现出和上述岛田虔次的视角相同的先入观念。

除此之外,例如山井湧(1920—1990)的《明清思想史研究》(『明清思想史の研究』,东京大学出版会,1980年)最终以走向肯定"欲望"、重视"气"的思想家的趋势整理了明清时期的思想史,我们不得不指出这些研究者也表现出同类的"近代"主义倾向。而且这也不例外地出现在后文要叙述的沟口雄三的《近代以前中国思想的曲折与展开》(1980年)等书中,该书认为,在哲学层面上"气"向"理"中不断渗透并逐渐增加比重,结果明末清初时期"理"的观念不断变化和更新、最终将否定"人欲"的内容转变刷新为也包含人们的占有欲和生存欲这种肯定"人欲"的内容。

首先在中国思想史的领域中,除了上述岛田虔次、荒木见悟、山井湧等人之外,还有展开自己独特的思想成就的西顺藏等学者,然后有研究中国文学的竹内好、研究政治学和日本政治思想史的丸山真男等相关领域的先行研究者,而批判性地吸收和继承这些先行研究成果、并在战后日本的中国近代以前以至近代思想史研究方面打开划时期新局面的新一代代表性研究者就是前年去世的沟口雄三(1932—2010)。值得特书一笔的是,沟口在研究方面的基本态度及其实践摆脱了以往的中国哲学研究的陈规旧习,他在方法论上大量引进东洋史学尤其是社会经济史学领域的成果,追溯包括政治、经济在内的多领域的思想脉络,更是在比较日本思想史和西欧政治社会思想史的异质性结构的基础上来探索中国思想的结构性特点,并且以此抓住了贯彻近代以前到近代为止的中国思想史的主要脉络及其内容。

《近代以前中国思想的曲折与展开》是沟口的主要著作,也是其单独出版的处女作。这部著作是沟口将近前半部分研究经历的集大成,同时也包含着他之后研究方向的萌芽。在此书中,沟口的目的是通过追溯近代以前的思想来锁定与西欧及日本不同性质的中国近代的主体性特质,在此基础上他以鸟瞰的角度为明清思想史宏大而连续着的发展制定了谱系:从苦苦摸索和创造新"理"观的李贽开始、历经黄宗羲、颜元、李塨等再到戴震,"理"本身在一步步变化着直到走向清末的共和思想。

也就是说,在沟口的眼中,明末清初的"理"的观念从否定"人欲"成功转变和再生为肯定"人欲"的内容,后者的"人欲"不仅包括人们的生存欲望和占有欲望、若要说的更彻底些还包括经济上的欲望;然而中国式"大同"思想在这整个时期内仍然维持了不变的框架,它并未失去作为社会性欲望彼此调和的"分"的"条理"的道德主义性格,而是一面更新自己的内涵,同时还具有所谓"天理"性世界观、集体性"仁"观、"公"、"均"、"平"的特征。他进一步展望道,这种传统正是孕育清末革命思想等的土壤,而且可称为中国独特的大同共和思想的孙文的民生主义以及后来的社会主义思想等反而都来自此种传统渊源。

不仅如此,该书还证实说,在明末清初时期政治观、君主观、公私观以及人性论等方面出现了巨大的变化,其背景就是富民阶层(地主、商人)的经济和社会力量的扩大;他还暗示道,从历史上来看,他们发挥的作用正好可以与西欧的资产阶级所处的位置相比较。因此,前文列出的岛田虔次说中国的近代性在明末李贽阶段就遭受"挫折"的主张也成了他批判和克服的对象。

可以说,沟口这种基本视角在根本上反而潜伏着他对明末清初以后的历史情况以及清朝政权本身作出的积极评价。此书单独出版的版本中尚未收录《所谓东林派人士的思想——近代以前中国思想的展开》(「いわゆる東林派人士の思想—前近代期における中国思想の展開」,1987 年)等论文,在这些洋溢着热情的作品中,他也明确表示清朝政权一方面是以吸收东林派等意向的方式成立的。这等于他对如下做法提出了怀疑和批评:在对清末革命思想发生共鸣的同时,反面将整个清朝体制当做应予否定的对象进行抹黑,对清朝思想史作出不当的过低评价。

接着,沟口还对清末至近代的思想史进行了连续性展望,引起学界巨大反响的《作为方法的中国》(『方法としての中国』,东京大出版会,1987 年)一书刊登了一系列论考,他在这些论考中一边对各种先行研究表示疑义,同时也提出了新的问题。他批判道,战后的中国近代史研究过度倾向于对中国革命的同情,专门从中国革命的角度来论述中国的近代,其弊端之一就是如小野川秀美的《清末政治思想研究》(『清末政治思想研究』,1960年)所代表的那样,它用"洋务——变法——革命"这所谓的三阶段论对洋务运动作出不当的过低评价,进一步说,总之它缺乏将整个中国近代当做源自近代以前的延长部分来理解的广度视角。对此,沟口从所谓"实体展开论"的立足点出发,提倡结合主体性内因来客观把握传统中国的"蜕皮过程"而非"解体过程"。不仅如此,他还批判性地指出,由竹内好及西顺藏所代表的所谓"超近代论"的"摆脱西欧"甚至"否定西欧"的主张虽然表面上是造反,事实上却深深受到近代西欧式规则的制约。

可以说,这种见地还与保罗·科文的主张等在某种意义上是符节相合、方法一致的。科文曾尝试对旧有的欧美东洋学提出异议,因为它们过度估计了所谓的"西方冲击"(Western impact)、将中国近代视为与之相抵抗的弥缝式应对过程〔科文(Paul A. Cohen):《在中国发现历史》,*Discovering History in China*,哥伦比亚大学出版社,1984年。日译本:佐藤慎一译:《知性帝国主义——东方主义与中国观》(『知の帝国主義—オリエンタリズムと中国像』),平凡社,1988年〕。

除此之外,他的《中国的公与私》(『中国の公と私』,研文出版,1995年)还穿插了与日本及西欧进行结构性比较的视点,在这些作品之后,他在晚年写了《辛亥革命的历史个性》(「辛亥革命の歴史的個性」,2006年),这篇论文在某种意义上可称为沟口本人在研究方面的遗书。《辛亥革命的历史个性》参考了大谷敏夫、夫马进、梁其姿、黄东兰等学者近些年来优秀的清朝社会史研究成果,同时迫使大家对清朝的地方社会和基层社会进行总体性和囊括性的重新探讨,作者认为将辛亥革命仅仅理解为一场基于排满主义的民族主义革命或西欧式的共和主义市民革命(资产阶级革命)是不够的,倒不如说辛亥革命是地方社会上"乡治"的进步,是"乡里空间"的成熟形态,他提供了这样一种新的视角并促使人们重新对它进行评价。

这篇论文认为,所谓中国意义上的"自治"是以空间领域的统治(以及对上级的这种统治的摆脱)为前提的,这与欧洲式的"地方自治"概念明显不同,后者的着眼点和目的是获得及保证个人、城市及行会的合法"权利"。文中详细陈述了各种形式的自发性道德行为及慈善公益活动即"善举"的成立及发展情况,如传统的救荒事业——社仓和义仓、明末清初至整个清朝时期在当地基层社会和地方社会中非常发达的有善会、善堂、善学,此外还有宗族的互助网络及救济制度、作为民间自卫组织的团练、清朝盛行的乡董制及学会等等。这即是说,它并不具有近代西欧市民社会中基础的社会契约性,它一方面伴随着某种威信及功利,另一方面又可以说是对道德性共同体的追求。

而且作者认为,其中许多组织采用的是以地方上有名望的人或领导者为首的"绅治",与此相应,对于它究竟是"官"方(地方行政)主导还是"民"间(民间独自的公益事业)主导的问题,这里面的界线非常模糊,反而是用这种二元对立的图式进行理解的行为本身,不免导致我们迷失了当时中国社会不断流动着的灵活的实际状态。总之,可以说,在这种见解的背后存在着沟口的一种直觉和理解,即中国的"公私"观念有着自由的存在方式,同时具备着独特的天下、公有且极其道德主义性的特质,这与西欧的地区思想和日本的阶层思想有所不同。

最后,我想介绍一些对于沟口的研究立场及方法论方面的原理性、本质性问题作出的主要批评等,个别性论点暂且搁置不议,然后再添加一些考察。

首先,有人批评沟口所谓的"实体展开论",即试图探索传统中国的"蜕皮过程"而非"解体过程"的理论,说它在某种意义上对中国进行了铁板一块式的表象化和实体化,如果采用稍微极端一点的说法,可以说这一点酝酿着通向文化本质主义的危险性。然而,对于这个问题,也许有人会对如何评价其成果提出不同意见,不过我们也应该同意,将中国作为"方法"这一想法本就排除了那种"实体"化、何况是简单的亚洲主义、中国趣味以及不加批判地沉迷态度等,它反而立足于多元性"世界"的根本观点,出发点是将日本及欧美进行客观的相对化。

其次,接近晚年的沟口倾注心力进行中日知识共同体的实践活动等,并且撰写了一系列以《中国的冲击》(『中国の衝撃』,东京大学出版会,2004年)为主的著作,这些在最近还引起了一些意见及批评,如有人评价说沟口的思想或政治立场对逐渐崛起的中国的存在感及状态作出了夸大评价或马后炮似的承认现状,从结果上看这在一方面偏袒着中国的体制,有所谓的新左派倾向。这还与下列事实未必是无关的:晚年的沟口的思想状态通过对传统中国思想的重新评价还表现出了与某种与社群主义相通的倾向。

然而,例如沟口在《中国的公与私》(1995年)一书中就所谓的"相关的公"的问题解释了"相关的民主化、即原理化、道义化",这些应该也表明上述见解是片面的。而且《辛亥革命的历史个性》(2006年)一文也标榜在下述过程中看到了中国式近代的诞生,即通过扩大"省的力量"来进行从"分省自治"、"联省自治"到省的独立这一地方分权的过程,并设想出一种与国家统一相反的离心力的存在。如果将之具体化为现实存在,那不就构成对中国现行体制的最大威胁了吗? 不过,沟口的视角同时也可以说是非常复杂的,例如他还排斥"体制与反体制这种简单的二分法",他论述道,"到目前为止,我们一提到反体制就会擅自想象体制外的东西……倒不如说体制内部时常栖息着反体制,那种情况下的反体制并不仅是既存体制的批判者或反对者,更加是实现更好的体制的推进者、变革者,一旦面临某种历史形势它就会转向摧毁体制那一面","变革体制的力量更多地被孕育在体制的内部而非外部,希望建立更好的体制的人会不分内外地扮演更好的反体制者的历史角色",这也许在另一方面稍稍预测了现代中国今后的发展变化或民主化的走向等。

综上所述,拙稿主要浏览了岛田虔次和沟口雄三二位可谓截然相反的研究立场,无论如何,前者的思想史观是有些回顾(怀旧)性质(retrospective)的,而后者可说是具有面向未来的方向性,这两者究竟是在何处分道扬镳的呢?是由于对传统儒教思想本身的不同评价吗?还是源于对清朝政治社会及思想状况的不同见解?或者因为在各种意义上反而是对现代中国的潜力有着不同的看法及态度?可以说这是个让人产生无限兴趣、仍需探讨及明确的课题。

刘丽娇 译

主要参考文献:

岛田虔次:《中国近代思惟的挫折》(『中国における近代思惟の挫折』),筑摩书房,初版为 1949 年,修订版为 1970 年;井上进校注,平凡社·东洋文库版〔上·下〕,2003 年;中译本:《中国近代思惟的挫折》,江苏人民出版社·海外中国研究丛书,2005 年。

岛田虔次:《中国革命的先驱者们》(『中国革命の先驱者たち』),筑摩丛书,1965 年。

岛田虔次:《朱子学与阳明学》(『朱子学と陽明学』),岩波新书,1967 年;中译本:《朱子学与阳明学》,陕西师范大学出版社,1986 年。

岛田虔次:《尊重隐者——中国的历史哲学》(『隐者の尊重—中国の歴史哲学』),筑摩书房,1997 年。

岛田虔次:《中国的传统思想》(『中国の伝統思想』),みすず书房,2001 年。

岛田虔次:《中国思想史研究》(『中国思想史の研究』),京都大学学术出版会,2002 年。

弗兰茨·鲍克瑙(F. Borkenau),《从封建世界观到市民世界观》(Der bergang vom feudalen zum brgerlichen Weltbild),1934 年;日译本:水田洋、花田圭介、矢崎光圆、竹内良知等译:《从封建世界观到市民世界观》(『封建的世界像から市民的世界像へ』),みすず书房,1965 年。

安田二郎:《中国近世思想研究》(『中国近世思想研究』),弘文堂,1948 年;再版,筑摩书房,1975 年。

丸山真男:《日本政治思想史研究》(『日本政治思想史研究』),东京大学出版会,1952 年);中译本:《日本政治思想史研究》,三联书店,2000 年。

小野川秀美:《清末政治思想研究》(『清末政治思想研究』),东洋史研究丛刊・八,东洋史研究会,1960 年;修订版,みすず書房,1969 年;平凡社・东洋文库版,全二卷,2009、2010 年。

荒木见悟:《佛教与儒教——中国思想的构成者》(『仏教と儒教—中国思想を形成するもの』),平乐寺书店,1963 年;再版,研文出版,1993 年;中译本:《佛教与儒教》,中州古籍出版社・中国哲学前沿丛书,2005 年。

荒木见悟:《明代思想研究——佛教与儒教的交流》(『明代思想研究—仏教と儒教の交流』),创文社,1969 年。

荒木见悟〔廖肇亨译〕:《明末清初的思想与佛教》(『明末清初的思想與佛教』),连经出版事业公司,2006 年;上海古籍出版社,2010 年。

竹内 好:《日本与亚洲》(『日本とアジア』),竹内好评论集・第 3 卷,筑摩书房,1966 年;筑摩学艺文库版。

竹内 好〔丸川哲史、铃木将久编〕:《竹内好选集》(『竹内好セレクション』)Ⅰ、Ⅱ,日本经济评论社,2006 年。

守本顺一郎:《东洋政治思想史研究》(『東洋政治思想史研究』),未来社,1967 年。

西顺藏:《中国思想论集》(『中国思想論集』),筑摩书房,1969 年;『西顺藏著作集』全三卷,内山书店,1995 年。

山井湧:《明清思想史研究》(『明清思想史の研究』),东京大学出版会,1980 年。

保罗・科文(Paul A. Cohen):《在中国发现历史》(*Discovering History in China*),哥伦比亚大学出版社,1984 年;日译本:佐藤慎一译:《知性帝国主义——东方主义与中国观》(『知の帝国主義—オリエンタリズムと中国像』),平凡社,1988 年。

大谷敏夫:《清代政治思想史研究》(『清代政治思想史研究』),汲古书院,1991 年。

狄百瑞(Wm. Theodore de Bary):《与众人一起》(「人の徒とともに」),林文孝译,载『中国－社会与文化』第 6 号,1991 年。

谷川道雄、沟口雄三、渡边浩、岸本美绪:《欲望・规范・秩序——中国社会思想"发展"之再考》(「欲望・規範・秩序—中国社会思想の『発展』再考」),载『中国—社会与文化』第 10 号,1995 年。

夫马进:《中国善会善堂史研究》(『中国善会善堂史研究』),同朋舍出版,1997 年。

黄东兰:《近代中国的地方自治与明治日本》(『近代中国の地方自治と明治日本』),汲古书院,2005 年。

梁其姿:《施善与教化—明清的慈善组织》,台湾联经事业出版公司,1997 年;河北教育出版社,2001 年。

松本三之介:《近代日本的中国认识——从德川时期儒学到东亚协同体论》(『近代

日本の中国認識—徳川期儒学から東亜協同体論まで』），以文社，2011 年。

子安宣邦：《日本人是如何述说着中国的》（『日本人は中国をどう語ってきたか』），青土社，2012 年。

沟口雄三：《近代以前中国思想的曲折与展开》（『中国前近代思想の屈折と展開』），东京大学出版会，1980 年。

户川芳郎、蜂屋邦夫、沟口雄三：《儒教史》（『儒教史』），世界宗教史丛书 10，山川出版社，1987 年。

沟口雄三：《作为方法的中国》（『方法としての中国』），东京大学出版会，1989 年。

沟口雄三：《中国思想》（『中国の思想』），放送大学教育振兴会，1991 年；再版：《"中国思想"之重新发现》（『〈中国思想〉再発見』），左右社，2010 年。

沟口雄三：《中国的公与私》（『中国の公と私』），研文出版，1995 年。

沟口雄三、伊东贵之、村田雄二郎：《中国视角》（『中国という視座』），《今后的世界史》（『これからの世界史』）④，平凡社，1995 年。

沟口雄三：《公私》（『公私』），《一字词典》（『一語の辞典』），三省堂，1996 年。

沟口雄三：《中国的冲击》（『中国の衝撃』），东京大学出版会，2004 年。

沟口雄三、池田知久、小岛毅：《中国思想史》（『中国思想史』），东京大学出版会，2007 年。

沟口雄三：《中国思想精粹Ⅰ——异同之间》、《中国思想精粹Ⅱ——东往西来》（『中国思想のエッセンスⅠ—異と同のあいだ』/『中国思想のエッセンスⅡ—東往西来』），岩波书店，2011 年。

沟口雄三：《所谓东林派人士的思想——近代以前中国思想的展开》（「いわゆる東林派人士の思想—前近代期における中国思想の展開」），载《东京大学东洋文化研究院纪要》（『東京大学東洋文化研究所紀要』）第 75 册，1978 年。

沟口雄三：《辛亥革命的历史个性》（「辛亥革命の歴史的個性」），载『思想』第 989号，2006 年 9 月刊；后收录于《中国思想精粹Ⅱ——东往西来》。

沟口雄三、小岛毅主编〔孙歌等译〕（合著）：《中国的思维世界》，江苏人民出版社·海外中国研究丛书，2006 年。

伊东贵之：《作为思想的中国近世》（『思想としての中国近世』），东京大学出版会，2005 年。

伊东贵之：《"挫折"论的克服与"近代"的质问——战后日本的中国思想史研究与沟口雄三的位置》（「『挫折』論の克服と『近代』への問い—戦後日本の中国思想史研究と溝口雄三氏の位置」），载『中国哲学研究』第 5 号，东京大学中国哲学会，1993 年。

伊东贵之：《从"气质变化"论到"礼教"——中国近世儒教社会"秩序"形成的视点》（「『気質変化』論から『礼教』へ—中国近世儒教社会における〈秩序〉形成の視点」），收录于岸本美绪编：《岩波讲座·世界历史 13 东亚东南亚传统社会的形成：16—18 世纪》（『岩波講座·世界歴史 13 東アジア·東南アジア伝統社会の形成：16 - 18 世紀』），岩波书店，1998 年；中译本《从"气质变化"论到"礼教"——中国近世儒教社会"秩序"形

成的视点》,收于沟口雄三、小岛毅主编《中国的思维世界》,江苏人民出版社,2006 年。

伊东贵之:《如何把握明清思想——通过研究史素描来考察》(「明清思想をどう捉えるか—研究史の素描による考察」),收于奥崎裕司编:《明清是怎样的时代——思想史论集》(『明清はいかなる時代であったか—思想史論集』),汲古书院,2006 年。

伊东贵之:《解说:询问传统中国的复权及中国的近代》(「解説:伝統中国の復権、そして中国の近代を尋ねて」),收于沟口雄三的《中国思想精粹Ⅱ——东往西来》,岩波书店,2011 年。

〔补记〕关于岛田虔次和沟口雄三两位的著作的中文或其他语言的译本情况,请分别参考附在岛田虔次的《中国思想史研究》(京都大学学术出版会,2002 年)中的"岛田虔次著作目录"和收录于沟口雄三的《中国思想精粹Ⅱ——东往西来》(岩波书店,2011 年)的"著作目录"。

"辛酉革命"说与龙朔改革

——7-9世纪的纬学思想与东亚政治[①]

孙英刚(复旦大学文史研究院)

　　"戊午革运、辛酉革命、甲子革政(令)"的观念是纬学思想的重要内容,但是随着纬书在中国的散佚,其对中古时代政治、思想的具体影响变得难以窥见。而纬书传入日本之后,由于政治文化环境不同,走出了完全不同的轨迹,尤其是通过与阴阳道传统融合,很多纬书内容得以留存,从而给重新审视中国文明自身提供了文献基础。从研究方法上看,如果我们排除现代理性的傲慢,回归古人知识世界的内在逻辑,将看似荒诞的谶纬、术数、阴阳五行等思想纳入历史研究的视野,可以增进我们对历史真相的了解,甚至使原先勾画的整个历史画面发生动摇,乃至面目全非。

一、唐高宗龙朔改元、改革的谜团

　　显庆六年(661),岁次辛酉。春二月乙未,益州、绵州等五州纷纷上表称龙出现在州界内,唐高宗因此宣布改元,曲赦洛州,新的年号为"龙朔"[②]。从

　　① 本文为复旦大学"985工程"三期人文学科整体推进重大项目"中古中国的知识、信仰与制度的整合研究"、2012年国家社会科学青年基金项目(12CZS020)和教育部青年基金项目(12YJC77005)"纬学思想与隋唐时期的政治合法性研究"的阶段性成果。
　　② 《旧唐书·高宗本纪》,北京:中华书局,1975年,第81页。《旧唐书》未记载见龙的州数,王钦若:《册府元龟》卷一五《帝王部·年号》云,"益、绵等五州皆言龙见,于是改元",南京:凤凰出版社,2006年校订本,第164页。

龙朔元年(661)到咸亨元年(670)共十年间,高宗进行了一系列令人眼花缭乱的改革,包括更改百司官称等。然而到了咸亨元年,这些改革中的大部分内容又都被取消了,重新恢复了之前的典制。由于史料的缺憾,加之现代理性与古代知识的隔膜,虽然这一问题事关唐代政治、制度、礼仪、思想等诸多重要层面,但学界甚少讨论。即便是研究制度史的学者,也鲜有试图揭开高宗龙朔改革思想背景的努力,仅仅以封建皇帝的随心改作加以敷衍。

高宗龙朔年百官诸司改名,几乎涵盖了所有的政府机构。三省六部、诸寺诸监、上台诸卫,东宫僚属、内廷女官,全在改易之列,可谓是唐代最大范围的一次机构更名。比如尚书省,原先长官是尚书令,副手是左右仆射。龙朔改革废除了尚书令,以左右仆射为长官,并且改其名为左右匡政,尚书省的佐官也进行相应改名。六部尚书、侍郎、郎中、员外郎都改易名称。门下省、中书省、秘书省(及其下属的司天监)概莫能外①。其他机构如御史台、殿中省、内侍省、太常寺、光禄寺、卫尉、宗正寺、太仆寺、大理寺、鸿胪寺、司农、太府监、少府监、将作监、国子监、都水监等都进行了机构和官员改名。东宫官以及十六卫也进行了全面的改名。不但百司及百官更名,后宫妃嫔和女官,也进行了"官名改易","内职皆更旧号"②。

可以说,高宗把所有的中央机构都进行了改名,并且根据改易后的官名重新制定了律令格式,龙朔二年,高宗"敕司刑太常伯源直心、少常伯李敬玄、司刑大夫李文礼等重定格式,惟改曹局之名,而不易篇第。麟德二年(665)奏上"③。然而,重新拟定的格式在五年之后就废止了,因为高宗又将几乎所有的百官名号改了回去④。

因为后来高宗几乎全部推翻了自己的改革内容,加上"惟改曹局之名,而不易篇第",导致许多学者认为此次改易官名并无实际意义。但实际情况并非如此,有些改革是具有实质内容的。比如将玄武门屯营改为左、右羽林军,大朝会则执仗以卫阶陛,行幸则夹驰道为内仗⑤。"置太子左右喻德各一人,分司经局;置桂坊,置令一人,司职二人,太子文学四人"⑥。若把百司易名之外的改革考虑进去,则高宗在龙朔年间进行的改革,实际规模要大得

---

① 与三省六部有关的改革内容,参看《旧唐书·职官二》(第1818—1856页)的详细记载。
② 《旧唐书·后妃上》,第2162页。咸亨二年复旧,比百司及官名复旧稍晚。
③ 《旧唐书·刑法志》,第2142页。
④ 《旧唐书·职官一》,第1788页。
⑤ 相关研究参看张国刚:《唐代近卫军考略》,《南开学报》1999年第6期,第148页。
⑥ 王钦若:《册府元龟》卷七○八《宫臣部·总序》,第8426页。

多。但令人奇怪的是,咸亨元年,高宗的改革运动戛然而止,又改回到龙朔元年之前的样子。

有学者试图从武则天和高宗权力斗争的角度来解释这场看似莫名其妙的改革。他们认为,龙朔改革,"是武后掌权的标志","这实际上是武后登台前的一场序幕"①。或者认为,"龙朔二年官府改名,出自武则天的主张,标新立异,与传统不符"②。虽然没有具体证据的支持,但这些学者还是做了有益的尝试,试图解开这其中的谜团。然而用政治斗争来解释龙朔改革,实在难以成立。所谓龙朔二年的改革"标新立异,与传统不符"的说法,也不符合史实。比如官名改易,高宗使用的反而是古义。而且"内职皆更旧号",左右仆射改名左右匡政,设置太子喻德等,这些都带有鲜明的复古色彩。上述猜测都是从武则天后来革唐命、建周朝倒推出来的,而龙朔改革的时代离武则天称帝尚有近三十年的时间,这种倒放电影式的推论既无证据,也缺乏逻辑支持。实际上,高宗进行的这些改革是另有原因的。

中唐以后思想世界变化很大,带有人文主义色彩的新儒学兴起③。谶纬学说逐渐被淘汰出正统知识体系,不但纬书散佚殆尽,而且与之有关的政治改作,也开始变得讳莫如深。权德舆《吏部员外郎南曹厅壁记》记龙朔改名云:"今因官署而举事任,春秋邱明之志也。至若龙朔咸亨,改复之说,此皆不书。"④既然不书,我们就无从得知了。到此为止,这个问题似乎要成为无头公案。幸而日本文献中保留的信息,给这一问题的解决带来了峰回路转的希望。纬学传入日本,其发展道路与中国完全不同,尤其是其后来融入阴阳道,大量的阴阳五行、术数谶纬思想被日本文献保存下来,成为日本知识和传统的一部分。这些文献,不但对理解日本史意义重大,而且对中国自身研究的价值也不可低估。龙朔改革的思想源头,即植根于纬学的"辛酉革命"思想。而有关此说的记载,全然不见中国本土文献,但却在日本文献中保存了下来⑤。

---

① 杨友庭:《三省六部制的形成及其在唐代的变化》,《厦门大学学报》1983年第1期。

② 韩昇:《上元年间的政局与武则天逼宫》,《史林》2006年第6期。

③ 相关研究参看陈弱水:《唐代文士与中国思想的转型》,桂林:广西师范大学出版社,2009年。

④ 权德舆:《吏部员外郎南曹厅壁记》,董诰等编《全唐文》卷四九四,北京:中华书局,1983年影印版,第5038页。

⑤ "辛酉革命"说在日本影响甚大,早在近二十年前,安居香山、中村璋八的辑佚之作《纬书集成》翻译为中文,其中所引内容,不惟出自中国资料,也有很多是仅见于日本文献的记载。不过学界对其的关注远远不够,以至像"辛酉革命"这种对中古政治和思想产生过重要影响的内容,也遭到忽略。有关条目参看安居香山、中村璋八:《纬书集成》,石家庄:河北人民出版社,1994年,第537页。

二、日本史料所见的"辛酉革命"说

谶纬、术数与阴阳五行一类的文献及思想,最晚在公元 6 世纪即已传入日本。成书于 891 年的《日本国见在书目》记载当时日本流传的有《河图》1卷、《河图龙文》1 卷、郑玄注《易纬》10 卷、宋均注《诗纬》10 卷、郑玄注《礼纬》3 卷、宋均注《礼纬》3 卷、宋均注《乐纬》3 卷、宋均注《春秋纬》40 卷、宋均注《孝经钩命决》6 卷、宋均注《孝经援神契》7 卷、《孝经援神契音隐》1 卷,另有杂纬《孝经内事》1 卷、《孝经雄图》3 卷、《孝经雌图》3 卷、《孝经雌雄图》1 卷①。如果我们将此书单与《隋书·经籍志》、《旧唐书·经籍志》以及《新唐书·艺文志》对比,就可得知早在隋代以前,纬书即已流入日本。

比如《日本国见在书目》记郑玄注《易纬》10 卷,而《隋书·经籍志》记郑玄注《易纬》为 8 卷,少了 2 卷;"两唐书"则记为宋均注,9 卷。可见《易纬》经过历代统治者的删减篡改,已非之前的面目。然而,传入日本的《易纬》,由于没有敏感的政治氛围,并没有遭到政治力量的介入和篡改,反而更多地保留了本来的样子。郑玄喜以天命和五德解释经书,所以他为诸纬书所作的注解,在隋唐之后散佚得最为厉害,比如郑玄注《礼纬》,《日本国见在书目》和《隋书·经籍志》都记存有 3 卷,然而到了"两唐书"的编纂时代,却换成了宋均注,郑注显然已经亡佚。同样的情况也见于《诗纬》,《旧唐书》既著录郑玄注本,也著录有宋均注本,但到了欧阳修等人编纂《新唐书》时,就只剩下宋均注了②。

正是在这种背景下,虽然"辛酉革命"说完全在中国文献中消失,却在日本文献中留存了下来。论述最为详细的是三善清行(847—918)的《革命勘文》。三善清行曾担任文章博士、大学头,后兼宫内卿,以学才卓绝、通晓占术著称,日本昌泰四年(901),是辛酉年,他上书醍醐天皇督请改元,称:

> 《易纬》云:"辛酉为革命,甲子为革令。"郑玄曰:"天道不远,三五而反。六甲为一元,四六、二六交相乘。七元有三变,三七相乘。廿一元为一蔀,合千三百廿年。"《春秋纬》云:"天道不远,三五而反。"宋均注云:"三五,王者改代之际会也。能于此源,自新如初,则道无穷也。"《诗纬》:"十周参聚,气生神明。戊午革运,辛酉革命,甲子革政。"注云:

① 藤原佐世:《日本国见在书目》(古逸丛书第 19 册),台北:新文丰出版公司,1995 年,第 9—10 页。

② 相关史料参看《隋书·经籍志》,北京:中华书局,1973 年,第 940 页;《旧唐书·经籍志》,第 1982 页;《新唐书·艺文志》,北京:中华书局,1975 年,第 1444—1445 页。

"天道卅六岁而周也,十周名曰王命大节。一冬一夏,凡三百六十岁。一毕无有余节,三推终则复始。更定纲纪,必有圣人,改世统理者。如此十周,名曰大刚。则乃三基会聚,乃生神明。神明乃圣人改世者也。周文王,戊午年决虞芮讼,辛酉年青龙衔图出河,甲子年赤雀衔丹书。而圣武伐纣,戊午日军渡孟津,辛酉日作泰誓,甲子日入商郊。"①

三善清行《革命勘文》所引《易纬》、《春秋纬》、《诗纬》的这些条目及郑玄和宋均的注解,不见于中国文献的记载。其中心思想是以谶纬、历法和天命的学说解释政治的起伏,总结起来就是:戊午革运、辛酉革命、甲子革令。在某些特定的时间点,革命的力量特别强大,君主需要修德禳灾,做政治上的改革以避免革命。关于甲子革令与谶纬、历法之关系及其内在的知识逻辑,笔者已有专文探讨,此处不再赘述②。我们此时讨论的重点在于,这一学说在中国和日本到底产生了怎样的影响。津田左右吉认为,儒教的政治思想对日本人的实际政治几乎没有什么影响。这种观点现在基本无法成立了③。实际上奈良和平安时代,从个人的修养到政治理念,从国家历史的构建到都城的迁移,都与儒家经典有关,也都或多或少地与纬学思想有关。以"辛酉革命"说为例,即可说明问题。

首先,我们看日本国家历史的构建。这个问题不但涉及日本的国家与民族认同,还涉及政权的合法性塑造。从明治时代到二战结束前,以神武天皇即位的辛酉年(公元前660,周惠王十七年)为纪元元年的纪年方法广为流播,称为"神武天皇纪元"或者"皇纪",比如公元200年,就是皇纪860年,于是日本就有纪元2600年的说法——就像我们认为自己的历史是上下五千年一样。公元720年编撰的《日本书纪》是构建这一历史系谱的核心文献,它实际上是用了纬学思想中的干支革命学说,确立了皇统的源头。为了弥补时间的空白,它甚至不得不增加了九代天皇④。其依据的理论,正是上述三善清行所引用的郑玄的话——"天道不远,三五而反。六甲为一元,四六、二六交相乘。七元有三变,三七相乘。廿一元为一蔀"。推古天皇九年(601

---

① 塙保己一(1746—1821)编撰:《群书类从》第26辑《杂部》,东京:八木书店,1994年,第195页。

② 参看孙英刚:《"朔旦冬至"与"甲子革令":历法、谶纬与隋唐政治》,《唐研究》第18卷,北京:北京大学出版社,2012年,第21—48页。

③ 津田左右吉:《中国思想和日本》,东京:岩波书店,1938年,第163、89—90页。不同意见参看下出积舆:《神祇信仰、道教和儒教》,上田正昭:《讲座日本的古代信仰1·神们的思想》,东京:学生社,1980年,第66页。

④ 《日本书纪》卷三,神武天皇元年正月条,东京:岩波书店,1967年,第213、508页。

年)正是辛酉年,往前推21元或者1蔀,则是1260年,也就是公元前660年,于是他们选择了公元前660年作为神武天皇即位的年份,也即日本开国的时间。这样一来,从神武即位到推古九年大化革新,正合一蔀二十一元之数。

另外,纬学中的"辛酉革命、甲子革令"也被用来塑造圣德太子改革的合法性。圣德太子以601年(辛酉)开始改革,604年(甲子)颁布《宪法十七条》①。可以说,这一学说几乎贯穿了明治之前的日本史。随着近世西洋实证主义(Positivism)在对西洋圣书的批判中兴起,而此时日本学界正锐意学习西方思想,也受到这一潮流的影响,日本学者开始对中世神秘主义(Mysticism)大加质疑。在史学领域,神典性质的记述遭到了强有力的批判。最早质疑日本皇纪纪年的是那珂通世(1851—1908),早在1897年,他就著文揭示了日本上古史与纬学思想的关系,指出"辛酉革命"等纬学思想被用来构建了日本的历史②。此后学者不断丰富其论述,目前已为多数学者所认同③。

再者,桓武天皇(737—806)的迁都和政治宣传,也渗透着纬学思想的影响,其中也包含"辛酉革命、甲子革令"的思想。桓武天皇是天智天皇的曾孙,而奈良时代的天皇几乎都出自天武天皇(天智天皇的胞弟)一系,桓武天皇用沾满血腥的双手为自己夺得了天皇的地位,使天皇从天武系转移到天智系,因此他的即位被视为具有强烈的"改朝换代"的色彩,或者说"革命"性。其谥号"桓武",取自《诗经・周颂》中"桓桓武王,保有厥土,于以四方,克定厥家"之句,实际上是把他与周朝的周武王相比附。这一谥号本身,来自当时日本士人和官僚对桓武天皇的认识——桓武天皇类似革殷建周的周武王。周武王伐殷,建立了周王朝的历史毋需详述。如果我们细读桓武时代编纂的《续日本纪》,就可清晰地了解到,桓武天皇监督下修撰的《续日本纪》,其整个架构乃是论证自己的革命性和统治的正当性,也就是山口博所说的"桓武和周武王的革命性"④。《续日本纪》将光仁朝以前的统治描述得极为恐怖,充斥着阴谋、密告、谋杀等等,并且将其解释为天武系皇统断绝的原因;而天智天皇系则被描述为正统的,新王朝的代表着光明前景。为了印证这一点,《续日本纪》用了大量的祥瑞来烘托新王朝的符命,比如新王朝高

---

① 圣德太子:《宪法十七条》,日本思想大系第2辑《圣德太子集》,东京:岩波书店,1975年,第12—23页。

② 那珂通世:《上世年纪考》,《史学杂志》第八编第8—10、12号,1897年,收录于《那珂通世遗书》第1卷,大日本图书1915年版,第1—65页。

③ 伴信友:《伴信友全集》第4册比古婆衣第一《日本书纪历考》,东京:国书刊行会,1909年;阪本太郎著,沈仁安、林铁森译:《日本的修史与史学》,北京:北京大学出版社,1991年,第5页。

④ 山口博:《周武、桓武和〈小雅鹿鸣〉》,《日本研究》1986年第1期。

祖光仁天皇年号"宝龟",乃是取义"安天下之王谓文王也","遗我大宝龟"之义,将其塑造成周文王,而其子桓武则是周武王。可以说,《续日本纪》中充斥着阴阳五行和谶纬的思想,弥漫着周王朝革命的气氛。毕竟,桓武天皇的母亲是百济人的后代,一个归化人的后代做了天皇,难免要面对巨大的统治合法性问题的挑战。

桓武天皇于辛酉年(781)即位,甲子年(784)宣布迁都长冈京。其迁都的动机,日本学界的研究甚为详尽,总结起来大体上有六七种之多。但是其中最为重要的,是为了与过于强势的旧佛教势力和天武系势力决裂,重建新的王朝。桓武天皇特意将即位时间定在了辛酉年即781年,并且在三年后的甲子年也即784年强制迁都长冈京,这正是对谶纬"辛酉革命、甲子革令"的主动运用,带有强烈的革旧布新的政治色彩①。从这种意义上说,甲子迁都乃是其辛酉即位的"革命"运动的继续。《续日本纪》延历三年(784)十一月一日条记载:

> 戊戌朔,敕曰:"十一月朔旦冬至者,是历代之希遇,而王者之休祥也。朕之不德,得值于今,思行庆赏,共悦嘉辰。王公已下,宜加赏赐。京畿当年田租并免之。"②

这一年恰逢甲子之岁,按照谶纬之说,辛酉革命、甲子革令,皆为改弦更张之良机,于是桓武天皇以此为契机,下诏迁都长冈京。值得注意的是,桓武天皇居然引用了《乐纬》关于"朔旦冬至"为圣王祥瑞的理论,也再次说明纬学思想对奈良时代日本政治思想的强烈影响确实存在③。这次迁都也揭开了400年的平安时代。

日本历史上年号的更迭,也可看出"戊午革运、辛酉革命、甲子革令"的影响。日本天皇和中国帝王一样,他们选择年号的目的,不仅仅是把年号看成是纪年的符号,而且也寓寄着选择者的政治理想,或者说表现了他们欲树立何种天皇的政治形象,因此日本天皇和大臣们把选择年号看成是与政治思想密切相关的政治实践活动。对日本年号的清理和研究,以1933年森本

① 相关研究,参看佐藤信:《古代日本の歴史》第九章《平安王朝への道》,第117—118页;笠原一男:《日本史研究》第1部第3章,东京:山川出版社,1990年;管宁:《五德终始说与日本古代王权更迭》,《古代文明》2007年第3期;韩宾娜:《日本历史上的迁都与社会转型》(博士学位论文),东北师范大学历史文化学院,2006年。

② 《续日本纪》延历三年十一月一日条,东京:吉川弘文馆,1993年,第502页。

③ 关于"朔旦冬至"的讨论,参看孙英刚《"朔旦冬至"与"甲子革令":历法、谶纬与隋唐政治》,第21—33页。

角藏《日本年号大观》为优,对于改元的理由,他分为御代始(代始改元)、辛酉革命、甲子革令、祥瑞纪念和灾祸厌胜五种,并且对讨论改元的勘文进行了细致的分析①。其实如果再总结一下的话,只有三种,即代始改元、干支改元和异象改元。中国学者讨论日本年号及天皇制发展的论著很多,但对干支改元并无深究,大多强调中国文化的影响,并不做内在思想和逻辑的阐发②。

我们做一下简单的梳理。从天应元年(781)至文久元年(1861),总共有19个辛酉年,改元16次,只有承和八年(841)、永禄四年(1561)和元和七年(1621)没有改元;从神龟元年(724)到元治元年(1864)共有20个甲子年,改元16次,只有延历三年(784)、承和十一年(844年)、延喜四年(904)和永禄七年(1564)没有改元。因为辛酉革命说而改元的年号有:延喜、应和、治安、永保、永治、建仁、弘长、元亨、弘和、嘉吉、文龟、天和、宽保、亨和、文久;因为甲子革令而改元的年号有:康保、万寿、应德、天养、元久、文永、正中、元中、文安、永正、宽永、贞享、延享、文化、元治。整体来说,辛酉年和甲子年改元的比率占到80%。

没有进行干支改元的情况,大多是由于特殊的政治局势造成的,比如正亲町天皇永禄四年(1561)虽值辛酉年,但在今川义元败死后,武田信玄和上杉谦信进行了惨烈的第四次"川中岛合战",政局动荡,朝廷无暇进行改元仪式③。

另外,干支革命的前提是认为存在革命(即对现有政治的某种警诫与否定)的风险,否则,便不会进行干支革命的行为。如在幕府时期,幕府将军操纵权力,为了保持自己的权威,就曾拒绝改元。比如后水尾天皇的元和七年(1621,辛酉),幕府将军德川秀忠认为天下太平——也就是他的统治很好——没有"革命"的风险,拒绝进行改元。随天由于权臣干预未能改元,但是德川秀忠并未否定干支革命的根本逻辑,他只是坚持认为在他统治之下天下太平,不需要进行修德禳灾的干支改元④。其他未能改元的情况基本不脱上述两种情况,具体细节可参看森本角藏等人的研究,此处不赘。

---

① 森本角藏:《日本年号大观》,东京:目黑书店,1933 年,第 8—12 页、19—68 页。
② 比如张劲松、李明:《日本的年号及其与中国文化的关系》,《辽宁大学学报》1994 年第 3 期;李寅生:《略论中国传统文化典籍对日本天皇年号的影响》,《日本研究》2001 年第 2 期;刘元满:《日本皇名、年号用字中的汉字文化表现》,《北京大学学报(哲学社会科学版)》2002 年第 6 期;武寅:《天皇制的起源及结构特征》,《历史研究》2012 年第 3 期。
③ 森本角藏:《日本年号大观》,第 9—10 页。
④ 森本角藏:《日本年号大观》,第 9—10 页。

从这个数据来看,日本从8世纪开始到明治时代,"辛酉革命、甲子革令"的思想,贯穿了日本年号改易的全过程,长达千年之久。这些改元的诏书大多留存了下来,比如1201年的《建仁改元诏书》云:

> 革故者,法制应时以乃明,鼎新者,尊卑有序以元吉……今当辛酉,虽非大变,古来逢此支干,犹以为慎。寻累圣之迹,禳灾之谋宜……其改正治三年为建仁元年,大赦天下①。

就中国的情况而言,最早运用这一理论进行年号改易和政治宣传的是隋朝,鼎盛时期在高宗时代——关于这一点前辈学者几无揭示,8世纪以后,这种思想就伴随着纬学的衰落而湮没。当这一纬学思想在中国慢慢消逝的时候,却在日本的知识和信仰土壤里蓬勃生长起来。而在同时期的中国,其思想和知识世界早已走向另外的轨道,这一纬学思想所赖以存在的知识、信仰的文献基础和思想基础都因之不复存在。

"戊午革运、辛酉革命、甲子革令"的思想,并非从一开始就在纬学系统中占据主流,而是到了隋代,尤其是唐初,伴随着历法改革——甲子元历的勃兴而逐渐占据主导地位的。也就是说,这一思想最早成为主流的政治思想,不早于6世纪末,但是在机缘巧合的情况下,很快传入了日本。中古时期的知识、思想传播之迅速,远远超过我们的想象。但是由于政治等偶然因素的干涉,知识和思想传播的断绝也出现得远远超过了我们的常识判断。

三、"辛酉革命"说的起源与隋及唐初政治、思想、知识之关系

干支革命的思想,早就在纬书中存在,经过郑玄等人的注解,广泛影响了从汉代到唐代的政治理论和实践。但是"辛酉革命、甲子革令"在隋代之前,并不占据主导地位。直到北朝时期,占据主导的观念是似乎仍然是"卯酉为革政,午亥为革命"。《后汉书·郎𫖮传》记载其上奏云:

> 臣伏惟汉兴以来三百三十九岁,于《诗三基》,高祖起亥仲二年,今在戌仲十年。《诗泛历枢》曰:"卯酉为革政,午亥为革命,神在天门,出入候听。"言神在戌亥,司候帝王兴衰得失,厥善则昌,厥恶则亡②。

《诗泛历枢》正是《诗纬》的一种,《诗纬》的"四始"、"五际"说被用于说明符命的兴起与衰落③。除了《诗泛历枢》,《诗推度灾》中也有类似的记载:

---

① 森本角藏:《日本年号大观》,第722—723页。
② 《后汉书·郎𫖮传》,北京:中华书局,1965年,第1065页。
③ 对此的简单讨论,参看孙蓉蓉:《〈诗纬〉考论》,《中国文化研究》2006年冬之卷。

"建四始五际而八节通。卯酉之际为革政,午亥之际为革命,神在天门,出入候听。"郑玄注云:"革,更始也。卯酉之际,所革者渐,午亥之际,所以别寒暑之交,更之者深也。"宋均注曰:"神,阳气,君象也。天门,戌亥之间,乾所据者。""然则亥为革命,一际也。亥又为天门,出入候听,二际也。卯为阴阳交际,三际也。午为阳谢阴兴,四际也。酉为阴盛阳微,五际也。"①

这一学说从汉代到隋代,都对政治理论和实践产生了重要影响。比如《北史》卷九〇《艺术下·徐之才传》记云:

> 之才少解天文,兼图谶之学,共馆客宋景业参校吉凶,知午年必有革易。因高德正启之,文宣闻而大悦。时自娄太后及勋贵臣咸云:"关西既是勋敌,恐其有挟天子令诸侯之辞,不可先行禅代事。"之才独云:"千人逐兔,一人得之,诸人咸息。须定大业,何容翻欲学人?"又援引证据,备有条目,帝从之。②

又《宋书》卷一三《律历志下》载戴法兴与祖冲之议历法时谓,"若南北以冬夏禀称,则卯酉以生杀定号",《晋书》卷一一《天文志上》、《隋书》卷一九《天文志上》均载晋虞耸作《穹天论》论卯酉为天地之中说,二者或亦可能与"卯酉为革政"说所反映的思想有关。此说与政治之关系非本文之重点,不再赘述。

除"卯酉之际为革政,午亥之际为革命"之外,尚有"乙酉"说和"庚子"说。关于乙酉说,见于《北齐书》所记祖珽上奏事:

> 因有慧星出,太史奏云除旧布新之征。珽于是上书,言:"陛下虽为天子,未是极贵。按,《春秋元命苞》云:'乙酉之岁,除旧革政。'今年太岁乙酉,宜传位东宫,令君臣之分早定,且以上应天道。"③

而庚子革命说,见于《宋书·符瑞上》所记延康元年(220)汉魏禅让之时博士苏林、董巴等,其中云:

> 今年青龙在庚子,《诗推度灾》曰:"庚者,更也。子者,兹也。圣人制法天下治。"又曰:"王者布德于子,治成于丑。"此言今年天更命圣人,制法天下,布德于民也。魏以改制天下,与诗协矣。④

---

① 唐萨守真《天地瑞祥志》卷三七,尊经阁文库本,笔者作为成员参与高校古委会《天地瑞祥志》的整理工作。

② 《北史·艺术下·徐之才传》,北京:中华书局,1974 年,第 2970 页。

③ 《北齐书·祖珽传》,北京:中华书局,1972 年,第 517 页。

④ 《宋书·符瑞上》,北京:中华书局,1974 年,第 776 页。

这些干支革命或者革令的说法,都以纬书和郑玄等人的注解为依据,反映的是纬书所植根的五德终始、天人感应的思想。但是这些学说似乎对日本政治和思想几无影响,最终是"戊午革运、辛酉革命、甲子革令"说被日本文化所吸纳,这其中的原因为何?

辛酉年和甲子年在政治和思想中的兴起,隋代的政治宣传和历法造作扮演了重要的角色。由于甲子是干支之始,在历算中的地位举足轻重,纬书中又有大量的记载,因此甲子年被历算家和谶纬家进行了政治性的敷演①。尤其是隋代,这一说法因为政治的介入变得异常重要起来。隋文帝开皇二十一年(591),岁次辛酉,太史令袁充等大肆宣扬隋杨的天命,引用《元命苞》等纬书论证"大隋启运,上感乾元,影短日长,振古稀有"②。

任何政权都要说明自己在时间长河中的位置,往往强调自己拥有革故鼎新的历史地位。四年后的仁寿四年(604),岁次甲子,而且是上元甲子。这一年正好又赶上隋炀帝登基为帝,于是,604年成为极其重要的一年,被宫廷学者大加宣扬,以巩固隋炀帝的帝位。袁充等人指出:

> 今岁皇帝即位,与尧受命年合。昔唐尧受命四十九年,到上元第一纪甲子,天正十一月庚戌冬至,陛下即位,其年即当上元第一纪甲子,天正十一月庚戌冬至,正与唐尧同。自放勋以来,凡经八上元,其间绵代,未有仁寿甲子之合。谨案:第一纪甲子,太一在一宫,天目居武德,阴阳历数并得符同。唐尧丙辰生,丙子年受命,止合三五,未若己丑甲子,支干并当六合。允一元三统之期,合五纪九章之会,共帝尧同其数,与皇唐比其踪。信所谓皇哉唐哉,唐哉皇哉者矣。③

袁充和王邵、萧吉一样,都是隋代重要的学者,精于占候五行、天文历法。隋炀帝以上元甲子年即位,成为其宣扬符合天命的重要依据,此后不断被提,以至于在天下大乱时,炀帝还在强调自己"初膺宝历,正当上元之纪,乾之初九,又与天命符会",甚至因为洛阳"并当甲子,与乾元初九爻及上元甲子符合。此是福地,永无所虑"而移居洛阳④。

---

① 关于干支纪年的起源发展,参看莫绍揆:《从〈五星占〉看我国的干支纪念的演变》,《自然科学史研究》1980年第1期。我国古代最先是依王公即位而纪年及"依事而纪年",在《左传》的时代开始出现岁星纪年的萌芽,在先秦古历时有太岁纪年,在颛顼历时开始用干支纪年,经过太初历直到四分历而干支纪年法最终完成。

② 《隋书·天文上》,第524—525页。

③ 《隋书·袁充传》,第1611—1613页。

④ 同上。

隋朝的灭亡并没有损害"辛酉革命、甲子革令"理论的权威,反而加强了它的说服力——所谓"革命"、"革令"者,乃是革隋之命。这也是在一甲子之后的公元 661 年(龙朔元年)和 664 年(麟德元年)高宗进行看似莫名其妙的官名改易与其他改革的思想动机。一方面,当时的甲子元历历法及其理论达到极盛,另一方面,高宗面对着类似于 60 年前,也即一甲子之前隋炀帝面对的局面——至少表面上是类似的,比如对朝鲜半岛旷日持久的战争,都令深处此种思想氛围的唐人心理浮动。

如前文所论,隋代之前,"戊午革运、辛酉革命、甲子革令"的理论在纬书的干支革命中并不处于主导地位。而日本在推古天皇时代,圣德太子即已开始利用这一理论进行政治操作。以此考虑,这一观念是在隋代与纬书、阴阳五行占候之书一起传入日本的。公元 554 年即南朝梁元帝承圣三年,百济易博士王道良、王保孙将中国的天文历算知识输入日本,学界一般将此年作为中国天算知识传入日本的始年①。《日本书纪》记载,推古天皇十年(602)"冬十月,百济僧观勒来之,仍贡历本及天文地理书,并遁甲方术之书也。是时,选书生三四人,以俾学习于观勒矣。阳胡史祖玉陈习历法,大友村主高聪学天文遁甲,山背臣日立学方术,皆学以成业"②。

在隋文帝和隋炀帝君臣大肆宣扬仁寿元年(601)和四年的伟大意义时,圣德太子重新开启了与中国的交通。开皇二十年,也就是推古天皇八年,岁次庚申,也就是公元 600 年,圣德太子结束了自南朝宋顺帝异明二年(478)以降 120 多年不向中国朝贡的历史,派遣使臣到达隋朝,此后又陆续派出五次遣隋使。遣隋使在隋朝的时期,正是隋朝以辛酉、甲子大肆宣扬隋样符命的时候,而且萧吉等人的著作比如《五行大义》也在此时撰成,这些书籍以及隋朝的政治理念与思想自然被遣隋使带回日本③。603 年,圣德太子等制定冠位十二阶,就是模仿隋制。604 年,岁次甲子,日本开始正式使用历法,日本本土历法几完全废绝④。

隋朝灭亡之后,似乎更加印证了辛酉革命、甲子革令的理论。随着甲子元历的流行,这套理论更加深入人心,这可以从唐初吕才、李淳风等人的作品看得出来。吕才的《大唐阴阳书》等著作,构成了高宗时代阴阳五行影响政治的知识基础。安居香山、中村璋八《纬书集成》收录的《易纬·稽览图》

① 远滕利贞:《增修日本数学史》,东京:恒星社,1981 年,第 6 页。
② 《日本书纪》卷二二,东京:岩波书店,1986 年,第 179 页。
③ 最好的有关萧吉《五行大义》的研究,参看中村璋八校注《五行大义校注》(增订版),东京:汲古书院 1998 年版。
④ 田久川:《中国古代天文历算科学在日本的传播和影响》,《社会科学辑刊》1984 年第 1 期。

中的推天元甲子之术①,实际上并非《易纬·稽览图》的原文,似乎是李淳风续注《易纬》的内容。中国古人治历,首重历元。根据观测往上推算,求出一个出现夜半甲子冬至、日月经纬度相同、五大行星又聚集同一方位的时刻,此时刻称"上元"。古人把冬至作为一岁的开始,把朔日(日月交会的一日)作为一月的开始;把夜半子初作为一天的开始,把"甲子日"作为干支纪日周期的开始,日月合璧、五星连珠则是一个七曜会合周期的开始。如果找到一个"甲子朔旦冬至",日、月经纬度相同,五星又相聚于同一方位的时刻,就是理想中的"上元",这也是推天元甲子之术的实质。《礼纬·含文嘉》云:"推之以上元为始,起十一月甲子朔旦夜半冬至,日月五星,俱起牵牛之初。"郑玄注曰,"上元太素以来,至所求年。"②这一天地开辟的时刻,具有重要的政治和思想意义,《易纬·坤灵图》曰:"至德之萌,五星若连珠,日月如合璧。"③

甲子元历术在隋代即已成为主流,比如《隋书·律历中》引《春秋纬·命历序》云:"鲁僖公五年正月壬子朔旦冬至。"然后论道:"今以甲子元历术推算,得合不差。"④唐代开国,武德二年(619)实行傅仁均的《戊寅元历》;高宗时,戊寅历益疏,变得不敷使用,于是李淳风作《甲子元历》,献给高宗。高宗下诏从麟德二年(665)颁用,谓之《麟德历》⑤。李淳风选择甲子年即公元664年献上这一甲子元历,就时间点而言,就有深刻的意涵可以决发。高宗《颁行麟德历诏》云:

> 夫气象初分,乾坤之位斯定;刚柔递运,寒暑之节攸施……朕御天抚历,君临万方,眷言兹道,将恐沦缺。钦若垂化,曷为凭焉,爰命所司,研穷详正。仰稽七曜,傍综五家,去其烦衍,裁以要密。古所未通,今则备载。阴阳之数可测,盈缩之理无愆。改元履初,占考此历,岁唯甲子,得于天正,合朔之后,应以嘉祥。五纬若连珠,二曜若合璧。虽上元致瑞,实增祇愧,而推测所详,固以精悉。气序恒顺,分余弗舛,以授农时,升平可致。昔洛下闳造汉历,云后八百岁,当有圣人定之。自火德泪我,年将八百,事合当仁,朕亦何让?宜即宣布,永为昭范,可名曰《麟德历》,起来年行用之。⑥

---

① 安居香山、中村璋八:《纬书集成》,第121页。
② 同上书,第493页。
③ 同上书,第308页。
④ 《隋书·律历中》,第426页。
⑤ 《新唐书·律历志》,第559页。
⑥ 高宗:《颁行麟德历诏》,董诰等编《全唐文》卷一二,第150页。

665 年颁布的麟德历即甲子元历,在短短的 25 年之后,公元 690 年,就被日本采用,足见当时知识、思想流传之快。本来就是以政治目的而传入的汉籍,当然也会运用到政治上。汉籍不仅只是文章、经国之类的作品,其传入日本也不仅仅只是制度和知识的传播,其还对日本的政治思想、礼仪乃至语言修辞,都产生了重要的影响。659 年,日本使臣津守吉祥便参加了唐高宗显庆四年"十一月朔旦冬至"的典礼,且被称誉为最谙礼节者①,可见日本士人对唐代的历法与谶纬知识已经是相当熟悉。

四、日本文献揭示的龙朔改革的内在逻辑与思想意义

我们回到龙朔改革的前夜,探究到底发生了什么。公元 660 年,唐军攻灭百济;公元 661 年二月乙未,益、绵等州皆奏龙见,于是改元。五月三十日,日有食之,在东井二十七度②。六月辛巳,太白昼见经天;九月十一日,犯左执法③。日蚀和太白经天都是极凶的天文现象,比如通常认为,日蚀之下有亡国;而太白经天则预兆着对君主的挑战,这些都是革命的征兆,无疑更增加了高宗酝酿自行革命以襄灾的决心。

直接触发高宗改革的是各地汇报龙朔于野。这是否是平常的祥瑞改元呢? 龙出现确实往往被视为是王朝的征祥,是受命于天的证据。比如最典型的,曹魏明帝因为青龙见郏之摩陂井,改元青龙④。而吴国"以土运承汉,故初有黄龙之瑞"⑤。不过青龙或黄龙出现,并非全是祥瑞,比如沈约《宋书》解释曹魏青龙出现便是非祥而灾的征兆时云:

> 魏明帝青龙元年正月甲申,青龙见郏之摩陂井中。凡瑞兴非时,则为妖孽,况困于井,非嘉祥矣。魏以改年,非也。晋武不贺,是也。干宝曰:"自明帝终魏世,青龙、黄龙见者,皆其主废兴之应也。魏土运,青,木色也,而不胜于金,黄得位,青失位之象也。青龙多见者,君德国运内相克伐也。故高贵乡公卒败于兵。案刘向说:'龙贵象,而困井中,诸侯将有幽执之祸也。'魏世龙莫不在井,此居上者逼制之应。高贵乡公著《潜龙诗》,即此旨也。"⑥

① 《日本书纪》卷二六,第 271 页。
② 《旧唐书·高宗本纪》,第 82 页;《新唐书·天文二》,第 828 页。
③ 《新唐书·天文三》,第 853 页。
④ 《宋书·符瑞中》,第 797 页。
⑤ 《宋书·五行三》,第 938 页。
⑥ 《宋书·五行五》"龙蛇之孽"条,第 1000—1001 页。

　　可见青龙、黄龙是否为祥瑞或者灾异,从理论上讲,还须德运的配合。黄龙为土德之瑞应,而唐朝土德,所以黄龙出现往往被视为李唐的大瑞。即便是龙朔(龙朔即龙现)于野,也并非仅见于高宗时代,玄宗上台之前即以黄龙为自己的符瑞。在他担任潞州别驾时期,"州境有黄龙白日升天"①,所以玄宗开元七年(719)享太庙乐章第十六首《皇帝酌醴齐用文舞》一章的歌词就有对此的歌颂,所谓"黄龙蜿蟺,彩云蹁跹。五行气顺,八佾风宣。介此百禄,于皇万年"②。但是即便如此,玄宗也未进行改元。高宗因为诸州奏报龙现而改元的动机,不能简单地用祥瑞改元来解释,实际上在高宗改元之前,已经多次出现了龙见的异象,比如贞观八年(634),"汾州青龙见,吐物在空中,光明如火,堕地地陷,掘之得玄金,广尺,长七寸"。"显庆二年(657)五月庚寅,有五龙见于岐州之皇后泉"③。但是太宗、高宗并未因此而改元。这就难以解释,为何到了显庆六年,高宗反而进行了改元。实际上,龙见并不是关键,关键乃是在于时间节点的特别——显庆六年是六十年一见的辛酉年,是革命的重要时期,而且作为革命征符的日蚀、太白经天先后出现了,这对高宗君臣产生了巨大的震动。

　　那么如何解释"龙朔"与改元的关系呢?其实干宝已经说得很清楚,龙的出现,是"主废兴之应也"。我们回到前文所引三善清行的《革命勘文》,他引述《诗纬》佚文"十周参聚,气生神明。戊午革运,辛酉革命,甲子革政"后,也引述了其注(或为郑玄注)云:"辛酉年青龙衔图出河。"也就是说,辛酉年发生革命时,有青龙出现作为征兆。这显然是高宗因龙现而改元的理论依据。实际上,除了两唐书等史料提到的益、绵诸州龙见事,《册府元龟》还提到,龙朔元年"六月,兖州青龙三十九见"④。改元前后,连续有各州上表说龙现。兖州最为具体,说是青龙。青龙三十九见,显然是政治的操作,也许是兖州官员的曲意附会,是为了印证高宗改元的正确。地方祥瑞灾异的上报,有其内在的原因和逻辑,并非偶然。以此推断,之前上报的应与之一致,青龙是此次改革的主要理由。而且也就是在五月底、六月上旬,各种天文异相都出现了,包括极为凶险的日蚀和太白经天。这些都是为了验证当时高宗君臣对形势的判断——需要应对干支革命的风险。《册府元龟》的文献来源更加接近原典,也可再次印证"青龙"出现乃是辛酉革命的符征,而非简单的

<hr>

① 《旧唐书·玄宗本纪》,第166页。
② 《旧唐书·音乐四》,第1137页。
③ 《新唐书·五行三》,第951页。
④ 王钦若:《册府元龟》卷二四《帝王部·符瑞第三》,第240页。

瑞祥。所以之前龙数次出现，太宗和高宗都未改元，但是到了龙朔元年，岁次辛酉，就进行了改元，其理论依据和内在逻辑，俱存于《革命勘文》所引的纬书条目中，又获得了当时历法、五行、占候等知识的支持。

辛酉革命之后的第四年，就到了甲子革令，这也就解释了，为什么龙朔三年，也就是甲子年的前一年，高宗要预先公告次年改元。这是前所未有的事情，在高宗之后也从未发生过。龙朔三年（663）"十二月，庚子，诏改来年元"。这种以诏书预定下一年改元的方式，在唐代中央政府的75次改元中，是唯一一次①。龙朔四年正月一日，改为麟德。这次预先公告改元，乃是因为次年为甲子年，甲子为革令革政之期，依照纬书的理论，需要改元。

高宗于龙朔二年改易百司及官名，正是自行革命之事的举动。我们参看日本历史上诸次辛酉、甲子改元的诏书，对比高宗的举措，也可发现两者之间的紧密关联。延喜元年（901）改元诏书云：

> 去岁之秋老人垂寿昌之耀，今年之历辛酉，呈革命之符。又云今日昧爽以前，大辟已下罪无轻重，已发觉未发觉、已结正未结正，咸皆赦除。但犯八虐故杀、谋杀、私铸钱、强窃二盗，常赦所不免者，不在赦限。又复天喜爱今年半徭，老人及僧尼百岁以上，给谷人别四斛，九十以上三斛、八十以上二斛、七十以上一斛。布告遐迩，俾知朕意，主者施行。②

这道诏书非常具有代表性，它提到老人星的出现和岁次辛酉皆为革命之符，所以要进行改革——大赦天下，减轻徭役，馈赠老人。这都是以仁政克制革命之征的通常做法。高宗的龙朔改元诏书不知何故没有留存下来。我们看一下他的麟德二年三月十七日诏：

> 今阳和布气，东作聿兴，甘泽虽沾，犹未周洽。眷兹南亩，弥用忧勤；瞻彼西郊，良深兢惕，宜顺发生之序，以申简恤之恩。西京及东都诸司，雍雒二州，见禁囚徒，宜准龙朔元年虑囚例处分。其西京令左侍极兼检校大司宪陆敦信充使、东都令右肃机卢承庆充使，必令息彼冤滞，称朕意焉。③

这道诏书提到阳气布和，为了申简恤之恩，要求按照龙朔元年的办法对两京的囚徒进行甄别。又，龙朔元年八月丙戌，令诸州举孝行尤著及累叶义

---

① 陈灵海：《唐代改元小考》，《浙江学刊》2012 年第 3 期。

② 《延喜改元诏书》（宫内省图书寮藏桂宫本《改元记·改元部类记》），转引自《日本年号大观》，第 709 页。

③ 高宗：《遣使虑囚诏》，董诰等编《全唐文》卷一二，第 150 页。

居可以励风俗者。九月甲辰,以河南县大女张年百三岁,亲幸其第①。这与日本延喜元年改元诏书中提到的释放囚犯、体恤老人的做法是一致的。又公元961年,日本的《应和改元诏书》云:

> 忝居握符之名,未知驭俗之道。去秋皇居蘖火之妖忽起,此岁辛酉革命之符既呈,怀乎如乘奔而无辔……上古帝王南面称孤者,或诫警诚而建元,或惊咎征而改号,是则修德却灾舆物更始之义也。其改天德五年为应和元年。②

这道诏书提到的皇居发生火灾,是辛酉革命之符,这与唐高宗时代出现的日蚀、太白经天等异常天象的作用是一样的。改元是为了禳灾,所谓"速改号令,将禳变妖。盖兴物更始之义也"③。同样的,在因甲子革令而改元的事例中,其改元诏书中也充满了修德防妖的思想,比如"甲子开历,宜慎一元之初兴。夫废寝忘食,岂如修德防妖,须寻汉策,出建元徽号,又解殷网,出宥过之洪慈"④。"岁当革令,听三经之术区分。况推神武初首之季,或遇周诗大节之变,天数在我,夕惕小心。因兹专自施鼎义之新,宜开历运之号。盖兴物更始之义也"⑤。"今兹岁星次甲子,故论复变之当否,气运革令之时也。干支周而复初,阴阳还以起端,是亦天道之变。宜除旧用新,盖兴物更始之义也"⑥。

高宗龙朔改革的一个重要原因是基于隋朝灭亡的警示。隋朝581年建立,601年辛酉革命,604年甲子革令,619年灭亡。高宗661年辛酉革命,664年甲子革令,上距隋朝灭亡不过短短40多年。而且高宗的担忧最后变为现实,唐朝689年亡国,被武则天的周朝所取代。

谶纬、历法构成了高宗改革的思想和知识背景,除了这些主观环境外,还有现实的原因。其实在当时人看来,高宗当时面临的情况与隋代有高度

---

① 《旧唐书·高宗本纪》,第82页。

② 《应和改元诏书》(宫内省图书寮藏桂宫本《改元记·改元部类记》),转引自《日本年号大观》,第711页。

③ 《文龟改元诏书》(宫内省图书寮藏桂宫本《改元记·改元部类记》),转引自《日本年号大观》,第734页。

④ 《应德改元诏书》(宫内省图书寮藏桂宫本《改元记·改元部类记》),转引自《日本年号大观》,第715页。

⑤ 《永正改元诏书》(宫内省图书寮藏桂宫本《改元记·改元部类记》),转引自《日本年号大观》,第734—735页。

⑥ 《延享改元诏书》(宫内省图书寮藏桂宫本《改元记·改元部类记》),转引自《日本年号大观》,第746页。

的相似之处。对外,陷入了旷日持久的对朝鲜半岛的战争,对内,政治纷扰严重,党争激烈,皇位继承出现问题。公元 660 年,在攻灭百济之后,朝鲜半岛的战争并没有停止。663 年,日军援助百济复国,与新罗联军在白江口会战;直到 667 年,李绩攻破平壤,高句丽亡国,战争才宣告结束。在这整个过程中,又正好赶上辛酉、甲子的革命之期,可见高宗的压力之大。虽然后来战争取胜,也并未引发国内动荡,但这是后来的结果,高宗君臣在事前无从得知,所以心怀恐惧。保存在《册府元龟》的相关记载最能说明问题,高宗龙朔三年八月谓侍臣曰:

> 比为海东负衅,须申吊伐,是数年已来,频有劳役,所在百姓,诚大辛苦,况缘军机调发,科唤百端,贪残之徒,恣意侵暴,兼复造船诸州,辛苦更甚,前令借问冀欲知其事实,然四方使至,略不尽言,表疏所陈,皆涉顺旨,我密加察,在下非无怨咨,如闻隋朝破亡,缘为征役不息,隋亡何必不繇此,相传其有此议……即日下诏曰:"……前令三十六州造船已备东行者,即宜并停,凡百在位宜极言得失,悉无隐,以救不逮。"①

高宗对侍臣说"在下非无怨咨,如闻隋朝破亡,缘为征役不息,隋亡何必不繇此,相传其有此议",可见将唐朝征伐高丽与隋朝灭亡联系在一起,在当时是一种颇为流行的观点,高宗本人对此也有觉察。这种警惕心理使高宗在龙朔三年也即甲子革令之前夜,不顾前方战事需要,下令 36 州造船已备东行者悉数停止。不过后来的战争顺利完全出乎高宗君臣的意料,因而这条史料被放进了歌颂君主"弭兵"的部分加以阐发。

值得指出的是,公元 664 年,当高宗提前公告次年改元的时候,在彼岸的日本,也开始了甲子改革。中大兄皇子是大化革新的推行者,亲手建立了日本的中央集权封体制,也可称之为大化体制。661 年,中大兄以太子身份总揽朝政。在其在位的第三年,即 664 年,却调整了之前的一些改革措施,史称甲子改革。甲子改革与大化革新的推行者同为中大兄皇子(即位后称天智天皇),但两者的内容却明显相左。后者以赠刀、弓矢明确"氏上"身份,承认贵族尚未归公的部民和土地为私有,部分地牺牲了大化革新的原则。学界普遍认为,这是为了缓和统治阶级的内部矛盾。当时出兵朝鲜的败北,统治集团内矛盾激化,是甲子改革出台的主要原因。从根本上说,甲子改革是大化体制的内在矛盾的反映。甲子改革正是为了使这一矛盾暂时趋于和缓,向世袭政治权力的贵族官僚做了必要的妥协,以便缓解矛盾,求得稳定,

---

① 王钦若:《册府元龟》卷一四二《帝王部·弭兵》,第 1589 页。

以利于大化体制的延续①。但是,"辛酉革命、甲子革令"的思想显然也在其中扮演了重要角色。因为664年正是甲子年,如果说"甲子革令"的思想是甲子改革的一个思想背景和理论基础,并不过分。

如果上述观点成立,我们可以看到,公元661—664年,不论在中国还是在日本,都在进行政治改革,干支革命的纬学思想,在当时的东亚主要政治体中都扮演了极其重要的角色。

在日本,这一纬学思想的影响,直到明治时代才宣告结束。而中国从高宗时代开始,这一影响即告消失。几乎没有再看到因为岁次辛酉、甲子而改元的情况。就唐代而言,武宗会昌元年是公元841年,正是辛酉年,纬书《春秋演孔图》云:"帝当会昌,成封岱宗。"宋均注,应会之期②。虽然武宗的会昌年号,明显带有纬学的这一思想痕迹,但是他是即位改元,并非如高宗的干支改元。

"戊午革运,辛酉革命,甲子革政"的思想,还有很多地方值得深究,比如佛教传入日本的历史,也是后来构建出来的,所谓戊午传入说,很可能是受到了这一思想的影响。《元兴寺伽蓝缘起并流记资财帐》道出了佛教"公传"日本的时间为公元538年,与《上宫圣德法王帝说》所记年代相同,而《日本书纪》却主张佛教"公传"的时间为552年③。这其中或有深意可以抉发,当另撰文阐述,此处不赘。

五、结论

戊午(革运)→辛酉(革命)→甲子(革令、革政),每隔60年发生一次,每隔21个60年则具更强的革命性。这套与纬学、历法紧密结合的干支革命的理论,曾经在中国历史上发挥了重要的影响,但是后来随着谶纬思想从主流思想体系中的退出,相关文献记载散佚不闻。但是相关条目保存在日本文献中,为我们重新理解当时的历史和思想提供了重要的史料基础。在关注传入日本的中国文献的同时,我们也要将日本本土文献——包括术数类文献——纳入到研究范围。此类文献为重新审视中国自身提供了更广阔的文献和思想基础,对中国文明和东亚世界的相关研究具有重要的意义,具有广阔的潜力。

---

① 有关天智天皇甲子改革的相关讨论,参看王顺利:《甲子改革与大化体制的延续》,《东北师大学报(哲学社会科学版)》1997年第2期。

② 安居香山、中村璋八:《纬书集成》,第581页。

③ 相关研究参看吉田一彦:《仏教伝来の研究》,东京:吉川弘文馆,2012年,第168—308页。

　　陈寅恪早年出任清华大学国学研究院四大导师之一时列出他本人指导的学科范围,第一项为"年历学(古代闰朔日月食之类)"①。虽然后来陈先生并未发表太多关于年历学的研究,但是他始终关注年历学,尤其是其与家国命运的关联。1962年竺可桢拜访陈寅恪,在日记中写道:"又谈及今年壬寅,据印度历乃是大灾年。中国相传'日月合璧,五星连珠'。今年阴历年初是立春(晦日),而岁逢摄提格,是宋以来第一次(据我估计大约450年一次)。日月合璧无疑是有的,但五星连珠则未必,盖金木水火土聚于一宿(中国宿又大小不同)乃要数万年才有一次。"②可见陈寅恪始终关注年历学的问题。

　　时间是任何知识、思想和信仰体系都必须面对的问题。几乎所有文明和政权都不可避免地面临着解释自己在时间长河中的角色和地位。从根本意义上说,历法之所以成为重要的意识形态工具,乃是其与时间的密切关系。一个政权或者君主,必须说明自己在时间(历史、现实、未来)中的角色(必然性、神性、异相、自然)。在近世之前,这种说法是:历法应该合阴阳之数、谶纬之言、经典之说。年历学的研究,应当纳入到历史研究的视野之内。

---

①　孙敦恒编著:《清华国学研究院史话》,北京:清华大学出版社,2002年,第52页。
②　《竺可桢日记》1962年2月14日,《竺可桢全集》第16卷,第200—201页。

铃木大拙理解的"日本式"和"中国式"
——以《日本式灵性》为主的考察

末木文美士(日本·国际日本文化研究中心)

一、关于铃木大拙和《日本式灵性》(『日本的霊性』)

铃木大拙(1870—1966)作为近现代日本佛教知识分子的代表活跃在许多领域,其活动范围不仅局限于日本国内,他还撰写了许多英文著作,且频繁在欧美进行演讲活动。欧美兴起的禅的热潮就在很大程度上归功于他的影响。其著作内容涉及的范围非常广泛,从依据原典的文献学研究——例如《楞伽经》的梵文本研究以及敦煌出土的禅文献研究,再到禅的思想性解析,甚至还有对时局作出的发言等等。

在此,笔者想以常被列为其主要著作的《日本式灵性》为主,来阐明大拙所谓的"日本式灵性"其实在根本上是以对中国禅的阐释为基础的,并考察对大拙来说最为核心的中国禅是如何被认识的。

首先简单介绍一下大拙的生平。大拙是居士号,其本名是铃木贞太郎。他于1870年生于金泽,与哲学家西田几多郎既是同乡又是同年所生,他们作为一生的好友对彼此产生了很大影响。他在东京帝国大学学习的同时还先后从师于镰仓圆觉寺的今北洪川和释宗演禅师。从帝国大学退学以后,他于1897年在宗演的介绍下赴美,在伊利诺伊州拉萨尔县作民间哲学家保罗·卡勒斯(Paul Carus)的助手,此时他做了英译《大乘起信论》等工作。回国以后,他先在东京的学习院大学教书,然后转去京都的大谷大学。20世纪

30 年代是其佛教文献研究学术成果最为丰硕的时期,此时他还进行了后文要叙述的中国旅行。他在中日战争及二战中的言行也表现出与战争合作的一面,从而受到了布莱恩·维多利亚(Brian A. Victoria)①等人的批判,然而如后文所述,他写于二战末期的《日本式灵性》(1944)一书很明显地体现了对当时军国主义的批判态度。二战以后,尽管年迈,他仍然屡次远赴欧美国家演讲对禅进行宣扬。

本文的主要考察对象《日本式灵性》一书于昭和十九年(1944)12 月由大东出版社首次出版,当时是二战的尾声时期,大拙 75 岁,这是其思想日臻圆熟时的作品。再版于战后昭和二十一年(1946)3 月发行,这部历史性著作前后跨越的时间正好将日本战败夹在正中间。不仅如此,在之后的昭和二十四年(1949),该出版社策划的《铃木大拙选集》第 1 卷出版发行,不过其中第 5 篇《金刚经之禅》(「金剛経の禅」)被删除了。顺便提一句,这套选集只出了第 1 卷便不了了之。

从此以后就产生了包括第 5 篇和不包括第 5 篇的两种版本。在大拙著作的集大成者岩波书店版《铃木大拙全集》中,第 8 卷是以不包括第 5 篇的形式收录的,而《金刚经之禅》则单独被收录在第 5 卷中。在大众中广泛普及的岩波文库本也随之未收录第 5 篇。与此相对,也有些版本是将第 5 篇收录进来的〔如中央公论新社经典(中公クラシックス)版等等〕。

那么,在收录和不收录第 5 篇这两者中究竟哪一种更合适呢?大拙在选集版中并未明确道出删除第 5 篇的理由,只说“我想把这篇文章与其他文章放在一起另行出版”(新版序)。但是,他在初版的第 5 篇前言中说“作为本书的附录添加于此”,归根结底第 5 篇就是被定位为附属性质的文章,因此他可能一开始就觉得不大妥当了。诚然,读者可能也会觉得奇怪,明明在说“日本式灵性”,如何非要着重举出“金刚经”这部印度的经典呢?从大拙的最终意图来看,也许删除是更合适的。

然而,我们在通读全书时就会发现,假如没有第 5 篇,那么净土系佛教就会正面登场,与禅相关的论述就变得薄弱了。然而书中又不时将禅和净土并列提出,如此就显得自相矛盾。此外,由于第 5 篇论述的“即非理论”构成全书的理论基础,只有把它加进来才能综合性地理解整体内容,思想上的深度也才能体现出来。笔者为角川文库出版《日本式灵性》提供了一些帮助,当时采用了包含第 5 篇的形式并题名为《日本式灵性·完整版》(2010 年

①　Brian A. Victoria, *Zen at War*, New York: Weatherhill, 1977. 日文版是艾米·鲁伊兹(エィミー・ルィーズ·ツジモト)翻译的《禅与战争》(『禅と戦争』),东京:光人社,2001 年。

刊)。本文在论述《日本式灵性》之际将采用包括第 5 篇的角川文库版①。

下面让我们看看《日本式灵性》一书的结构。首先是序言——《关于日本式灵性》,它就"日本式灵性"进行了概述。然后是正文,正文由 5 篇文章组成。第 1 篇《镰仓时代和日本式灵性》从历史角度主张镰仓时代正是日本式灵性获得觉醒及运用的时代;第 2 篇《日本式灵性的体现》叙述佛教方面是日本式灵性最好的体现,并阐明其特征,这也是书的核心部分;第 3 篇《法然上人和念佛称名》将法然的念佛作为日本式灵性的代表进行分析;第 4 篇《妙好人》列举了赤尾的道宗和浅原才市两位"妙好人"。所谓"妙好人"是指净土真宗的虔诚信徒,他们尽管没有受过高等教育,但能用自己的语言将灵性体验表达出来。铃木大拙即是有名的此种妙好人的发现者。可知,第 3 篇和第 4 篇均利用了净土系的具体实例来解释"日本式灵性"。最后第 5 篇是《金刚经之禅》,它阐述了以《金刚般若经》为基础的禅的思想是如何展开的,众所周知,这一章提出了被称为"即非理论"的禅的理论。

二、大拙和中国

大拙于 20 世纪 30 年代在中国佛教研究方面创造了辉煌成绩,例如校订出版《楞伽师资记》、《六祖坛经》、《神会语录》等敦煌文献以及其他与初期禅宗相关的基本文献等。此间 1934 年 5—6 月他进行了一次中国旅行,这次大规模的旅行从上海开始,然后从浙江一带到南京、再绕到北平,甚至远及当时的满洲以至朝鲜。记录了这次旅行游记的作品就是其日文著作《支那佛教印象记》(『支那仏教印象記』,森江书店,1934 年 10 月。全集第 26 卷)和另外用英文书写的《中国佛教印象》("The Impressions of Chinese Buddhism",*Eastern Buddhist*,Vol. 6,No. 4,1935)②。

这段时期正好处于九一八事变(1931)和中日之间全面爆发战争(1937)之间,彼时反日情绪日渐高涨,酝酿着一触即发的紧张氛围。大拙回顾道,"之前也不是没想过,就这样闯入政治上变得复杂的民国可能会发生什么令人不安的事情,不过那些全是杞人忧天"③,他在英文版中也说之前担心会遭

---

① 笔者在撰写本文时在很大程度上依据了角川文库版收录的拙稿《解说》。

② 《松冈文库研究纪要》(『松ヶ岡文庫研究紀要』,22 号,2008 年)中收录了英语原文、日语译文(坂井懋译)和汉语译文(邢东风译)。以下论述出自笔者为《中国佛教印象》日译本所作的后记(铃木大拙「中国仏教の印象」和訳後書)。此外,日文版的中文译文《中华佛教印象记》被刊登在《海潮音》第 16 卷 6—7 号(1935 年)上。

③ 《支那佛教印象记》(『支那仏教印象記』),《铃木大拙全集》(『鈴木大拙全集』)第 26 卷,东京:岩波书店,1970 年,第 155 页。

到中国人的敌视、怕见不到想见的人,不过"这只是杞人忧天而已"。事实上,虽然身处恶劣的局势之下,但是大拙仍然精力充沛地造访了各地寺院及遗迹,并且与太虚、圆瑛等佛教界领导人物,甚至鲁迅、胡适、汤用彤等一流学者或知识分子都有过会面,此次旅行可谓硕果累累,大拙本人似乎也对这些成果感到非常满意。

犹如他在英文版序中所说的那样,在书本上中国佛教是鼎鼎有名,然而其现状却完全未为人所知,因此大拙在首次接触到它的真实面貌时受到了很大的触动。这篇印象记写得非常生动,从字里行间我们能窥见他触摸与日本佛教完全不同的中国佛教的信仰和实践时产生的那种感动。在此之前,日本人对于中国佛教的"总体性评论"就是"中国的佛教日趋衰落"、"对于日本的佛教徒来说没有任何值得学习的地方"等,大拙本人也"有几分那样的想法"①。然而,"去看过之后的印象却截然不同,很多地方都不是预期的那样"②,与其说是衰退,"我相信倒不如说是时运正起之征兆"③,从而对中国佛教开始抱有极其善意的态度。

在英文版中他还加入了与当时中国代表性念佛实践者印光法师会面的情形,并概括引用印光的著作《嘉言集》以介绍其学说。日文版中虽然也谈到了与印光会面的情形,但没有引用其著作。我们知道,对于迥异于日本净土教的印光的学说,大拙有着十分的兴趣。他甚至在英文版中回顾了此种中国净土教的历史,并引出智旭、袾宏、延寿等人的教说,最后以引用收录于《禅门日诵》中的《楞伽经》结尾。这一点并没有出现在日文版中,由此可见大拙关注的对象是日本人向来不太熟悉的明朝以后到现代为止的中国佛教。

如上所述,大拙对现代的中国佛教很感兴趣,但最终未能作深入研究和评价。关于大拙的中国佛教史观尤其是禅宗史观,最近被发现的英文草稿《唐宋禅宗史》非常引人注目。这是他晚年最后期的著作,包括手写原稿和打印原稿,打印原稿是其秘书工藤澄子于1962年打印出来的④。

在这份原稿中,大拙认为禅达到最高峰的时期是唐代,"禅是中国式精神通过与印度思想的相遇而扩展的、在综合性文化条件下生长起来的事物,无论其独特性和创造性是怎样的,它们充分显现出来的时期应该是在唐

---

① 《支那佛教印象记》,第99页。
② 同上。
③ 同上。
④ 英语原文和日语翻译被刊登在《松冈文库研究年报》25号(2011年)上。

代"。接着对于宋朝的禅的情况,他表示此时禅已经走向衰退,"宋代的禅师们接受的禅不仅是体验性质的、而且是已经在理论上和经典解释学上完全确立起来的禅。……他们的工作就是寻找最有效的学习并掌握它的方法。毫无疑问,这就是它衰退的第一步"。而对于明朝以后的禅,他更是认为不值一提了,"明代以后,禅止步于生存着的表象,过去时代中的禅已经不复存在了"。

这归根结底只是对于禅的论述,然而不久之前日本佛教研究者们对于整个中国佛教的共同认识就是,唐代是最高峰、至宋代开始衰落、明代以后更是全无价值。因此他们的研究集中在六朝到唐代之间,在之后尤其是明朝以后的方面极为薄弱,而且对现代的中国佛教几乎没有兴趣。大拙虽然在一个时期内对现代中国佛教很感兴趣,但最后还是没有进行深入研究,未能克服这个缺点。

三、"灵性"的普遍性和特殊性

(一)"日本式灵性"对"日本精神"

《日本式灵性》这个书名特意冠上"日本式"一词,给人以强调日本主义的印象,不过考虑到当时的时代背景,倒不如说这有着和激进的"日本精神"的主张相对抗的意味。大拙在二战以后写的"新版序"中如此说道。

> 那时候遭到军阀压力的过度压迫,我想这样不行,日本的未来不能是这样的。我还强烈地感受到,军阀背后的思想——所谓的国家主义全体主义国家神道的东西,这不应该是我国此后立足的根本。
> 在这纷繁的思绪中,我深切体会到有必要寻找日本式灵性、反映出日本在世界中的真实面貌。[①]

"精神"一词隐含着精神和身体二元对立的意思。因此,"两个事物只要是相对立的,那就免不了矛盾、斗争、相杀、相克等",而与此相对,在说到"灵性"时,它意味着"两个事物终究是一非二,且虽为一同时也是二"。所以说,"在此之前的二元世界不再相杀相克,而是相互礼让、和谐融洽、相即相入的了"[②]。在此我们能看出他反对军国主义、向往和平的愿望。

尽管如此,特意强调"日本式"一词的行为仍然反映了那个时代的日本

---

① 《日本式灵性》完整版(『日本の霊性』完全版),东京:角川学艺出版,2010 年,第432 页。
② 《日本式灵性》完整版,第30 页。

主义倾向。原本大拙就既是普遍主义意义上的佛教宣传者,同时也有着民族主义者的一面,这两个方面是同时栖息在他身上的[1]。他用英语向世界宣传禅也是如此,就像《禅与日本文化》[2]表现出来的那样,他终究还是将禅和"日本"结合在一起,你即使将之理解为对日本的赞美也无可厚非。从这点上看,将大拙视为战争合作者的批判也未必没有道理。

(二)"日本式灵性"和"日本"佛教

关于"灵性",大拙如此说道。

> 无论是汉民族的灵性、欧洲诸民族的灵性、还是日本民族的灵性,只要是灵性,就不会有什么不同。然而与此同时,从灵性的觉醒、到它表现在精神活动的各种现象上的方式,各民族之间则不尽相同了。[3]

诚然,"灵性"和宗教在个人体验方面具有普遍性,但它也与各自的文化传统密切相关,有着传统固有的表现。于是,普遍性的"灵性"有了各自民族独有的特殊的表现方式。对这一点笔者尚能认同,不过大拙的主张并未止步于此。

> 有种说法是不对的,即:佛教是从外国传来然后植根于日本的,经过几百年甚至上千年后,它不断地适应着日本的风土,早已不再是来自外国的舶来品了。我认为,日本民族中一开始就存在日本式灵性,这一灵性偶然遇到佛教类的事物,接着从自身当中显现出了其原本固有的根底。[4]

这就是说,佛教并未被日本化,反而是"日本式灵性"由于接触了佛教而被发现了。如此一来,"日本式灵性"就被实体化了,也不再与其他"灵性"有相通之处。不仅是"日本式灵性",其他"印度式灵性"、"中国式灵性"、"西洋式灵性"等一开始就全都是独立个别的事物,"灵性"具有的普遍性消失了。不仅如此,"日本式灵性"还会流露出日本中心主义性质的优越感来。

这并不意味着对穿越不同文化发展而来的佛教的轻视,相反它是为了主张"日本"佛教的优越性,因为佛教在经过印度、中国时带上了当地的"灵

---

① 关于这一点可参考拙著《他者·死者们的近代》(『他者·死者たちの近代』),Ⅱ—2《铃木大拙的冷静论和战争批判》(「鈴木大拙の冷静論と戦争批判」),东京:TRANSVIEW,2010 年。

② 英文版是 *Zen Buddhism and its Influence on Japanese Culture*,kyoto,1938. 日语版是北川桃雄翻译的《禅与日本文化》(『禅と日本文化』),岩波新书,1940 年。

③ 《日本式灵性》完整版,第 34 页。

④ 同上书,第 85 页。

性",最终将在"日本式灵性"中达到圆满。"所谓'日本'佛教,因此兼具北方民族的特点、南方民族的特点、印度的直觉能力和中国的实证心理","日本式灵性作为中心轴让它们存活并发挥作用"①。因此结果就是,"如果要问将'大东亚'合为一体并使之运转的思想存于何处,那大约只能到'日本'佛教中来寻找了"②。

佛教具有贯穿亚洲各地特殊的"灵性"的普遍性,它利用这一普遍性积累了所有"灵性"的优点,并最终要在日本获得圆满成功,因此"日本"佛教涵括亚洲一切的"灵性",它比它们优越,要统治它们。这和主张日本优越性的大东亚共荣圈思想完全吻合。

(三)禅和念佛中的中国和日本

那么,大拙具体是如何看待"日本"佛教的呢?

> 印度的想象力和思维力与中国的平常道相融合,然后来到日本在日本成长,因此可以说它吸收了一切盛宴的精华部分。于是它一方面化为了禅,另一方面作为净土系思想出现、以念佛的形式被接受。③

也就是说,日本的净土教和禅是吸收了印度和中国所有优点的最佳的"日本"佛教。

这里的问题是,无论是净土教还是禅,两者都是在中国取得重大发展的,那我们能不能说它们是日本特有的呢? 在净土教方面,大拙列举了法然、亲鸾、妙好人等人物、阐述了净土思想在日本的展开过程,也许在一定程度上我们能够认可这是段具有日本特色的发展。

可是在禅这一方面日本有着怎样独特的思想发展,大拙却只字未提。尽管在日本也有像道元那样优秀的禅学思想家,但大拙并未举出来④。此外,大拙还高度评价并研究了江户时代的禅学思想家盘珪⑤,并参与其说法集的校订出版工作⑥。然而在《日本式灵性》一书中他却丝毫未提及他们。而论述禅的第 5 篇《金刚经之禅》则是彻底以对中国禅的解释贯彻始终。这

---

① 《日本式灵性》完整版,第 95 页。
② 同上书,第 95—96 页。
③ 同上书,第 97 页。
④ 大拙校订出版了《碧岩录》的古写本,据说那是道元请回国的。铃木大拙校订:《佛果碧岩破关击节》(『仏果碧巌破関撃節』),东京:岩波书店,1942 年。
⑤ 《禅思想史研究》(『禅思想史研究』)第一,东京:岩波书店,1943 年。
⑥ 铃木大拙、古田绍钦合编:《盘珪禅师说法》(『盤珪禅師説法』),东京:大东出版社,1943 年。

是为什么呢？

> 禅可以说是在中国完成的，但它没有进入中华民族的生活体系。
>
> 然而，它来到日本以后，很快就为日本式灵性的生活提供了丰富的养料。不可思议地，禅变成了日本人的东西。①

这即是说，禅本身在中国已经确立，在日本没有得到新的发展，但是它在中国未能深入到生活中去，反而到了日本才在生活中扎下了根。由此我们可以窥见其日本优越性的主张。在先于《日本式灵性》出版的《禅与日本文化》一书中，大拙论述了禅是如何活在日本文化百态之中的，例如美术、武士道、剑道、茶道、俳句等，不过在此他也未论述盘珪以及日本禅的思想，说起来他几乎就没有直接论述禅的思想本身。

若是如此，那我们还能说禅活在日本文化当中吗？当然，禅对日本文化产生了巨大影响、在日本文化中占有重要的地位，这一点毋庸置疑。然而，大拙甚至说"禅与其说是宗教，倒不如说是作为生活本身流淌在我们中间"②，这种说法太不靠谱了。尽管如此，禅以日语发音 Zen 而非 Chan 或 Sŏn 流行于全世界的一个重要理由可能就是，大拙对禅的介绍充满东方的神秘色彩且极具魅力。《禅与日本文化》在欧美赢得了大量读者，深受感动的年轻人怀揣着日本人的生活全都是禅的美梦来到日本，结果却尝到幻灭的滋味，实际上这样的情况在当时不在少数。

如此看来，大拙将禅当做"日本式灵性"的代表举出来在两重意义上是说不通的。第一，大拙认为禅是在中国确立完成的，这等于否定日本的独特性；第二，虽说禅活在日本文化中，但实际上终归只限于日本人生活中的一部分而已，并不表示日本人的全部生活都具有禅的性质。

那么他为什么会提出这种不合理的主张呢？这其中有着诸多理由。首先，如前文所指出的，大拙一方面是世界性佛教、特别是禅的信奉者和宣传者，另一方面他还有着强烈的民族主义倾向。这两方面结合的结果就产生了《禅与日本文化》及《日本式灵性》。然而，这两方面并非直接就能毫无矛盾彼此融洽的，大拙本人也没有建构一套理论来使二者相安无事。可能因为如此它们才在未能充分融合的状态下露出了矛盾。

此外，由于他将"日本"佛教视为东方佛教的综合体、尤其禅是其中之最，于是一开始被区分开来的印度、中国、日本之间的差异变得模糊起来，一

---

① 《日本式灵性》完整版，第313页。
② 同上书，第314页。

切都成了"日本"佛教中的一部分。因此,对于不同文化及语言带来的异质性,他便缺少了应有的考虑,这应该也是原因之一。

总的来说,不仅是大拙,日本的研究者都将中国古典当做"汉文"作了日语化的处理,因此他们很多时候都没有充分意识到中文的异质性。而有意识地将此当做问题来看则是近些年的事情了。

四、"即非理论"和"人"——大拙对中国禅思想的理解[①]

(一)即非理论

如上所述,《日本式灵性》第 5 篇《金刚经之禅》实际上大部分是在解释中国的禅,其中被大拙作为中心思想抽取出来的就是"即非理论"。它的格式是:

说 A 是 A,

即 A 非 A,

故,A 是 A。[②]

简而言之,就是"A 不是 A,所以是 A"。这违反了矛盾律,从形式理论上看是不成立的。这里包含着不受形式理论限制的禅的理论,直至今日还常被提起。

> 见山说山,遇川言川,这是我们的常识。然而在般若系思想中,山非山、川非川,故而山是山、川是川。……我们所有的语言、观念或概念,只有如此以否定为媒介才能进入肯定,这才是真正的看待物的方式。这是般若理论的特点。[③]

这种被称为以否定为媒介的肯定、包含否定的肯定、或说"矛盾的自我同一"[④]的推理在被大拙格式化以后,不时就被当做佛教、禅或东方式的理论公式来宣传。"即非理论"看似极其简单明了,历来从未接受过充分的批判性探讨,事实上它存在着许多问题,我们今后要探讨的课题还很艰巨。

第一,这个"理论"是将《金刚经》(《金刚般若经》)中的一句话进行简单

---

① 小川隆将大拙的"禅思想"概括为以下几点:即非理论、"自然"与"无分别之分别"、真空妙用和人(小川隆《语录的思想史》,东京:岩波书店,2011 年)。在主要考察《日本式灵性》时可以围绕"即非理论"和"人"来思考。

② 《日本式灵性》完整版,第 327 页。

③ 同上书,第 328 页。

④ 同上书,第 334 页。

化的结果,即"佛说般若波罗蜜,即非般若波罗蜜,是名般若波罗蜜"。《金刚经》中有许多这样违犯矛盾律的说法。然而,事实上《金刚经》本身要主张的内容和大拙的理解有着很大区别。它的意思是,"如来说的 A 并不是凡夫所固定理解的 A(A'),那才是如来所说的 A",它的目的是为了让人放弃凡夫所见(A'),转向远离执着的如来之见(A)。A 和 A' 是被区分开来的,因此它并没有违犯矛盾律①。所以,大拙说的"即非理论"未必符合《金刚经》的内容,它是通过中国禅式的思维方式作出的解释,这一点需要明确区别开来。

第二,我们需要注意的是,大拙虽然将这套理论格式化为"即非理论"了,可事实上它还包含多种无法解决的问题,而这些问题也没有得到妥善的归置。再有,名字虽然叫"理论",但是它究竟是指否定矛盾律、主张"非 A 即 A"的理论性问题呢,还是"通过否定才进入肯定"的禅定体验的阶段性表达方式呢,这两者被混淆了。

另外,大拙用《禅宗无门关》第 43 则"首山竹篦"作为"即非理论"的代表性事例举了出来,根据大拙的概括,内容如下。

> 一位禅和尚拿出一把竹篦说,"若唤作竹篦则触,不唤作竹篦则背。不背不触,且道唤作什么"。这是则公案。所谓触就是肯定,背则是否定。这就是说,既不肯定,也不否定,即要离开肯定与否定,道出竹篦之所以为竹篦的缘由。②

这不是 A 和非 A 同时成立、违犯矛盾律类型的"即非理论"。它的不同之处在于,在认为 A 和非 A 均不成立的基础上,仍然追求既不是 A 亦不是非 A 的表达方式,即追求否定排中律的表达方式。

如上所述,"即非理论"中含有多种多样的内容,如果将这一切都简单概括为"即非理论"的话,就可能导致禅中非合理性的模糊以及融通无碍的特点被进一步放大,而其缜密的分析则被剔除出去。事实上,禅的语言并不完全是非合理性的,其中很大的部分都能得到严格合理的说明③。"即非理论"的公式化虽然对于拓展禅的理论可能性有着重要意义,但它并不能解释一切,这一点需要我们注意。

---

① 可参考拙著《佛教——语言的思想史》(『仏教——言葉の思想史』),东京:岩波书店,1996年,第 5 章。

② 《日本式灵性》完整版,第 332 页。

③ 拙著《我读〈碧岩录〉》(『「碧巌録」を読む』,岩波书店,1988 年)就尝试了尽量从理论上去解释《碧岩录》。

与之相关的一点是,大拙基本上是将禅当做被极度纯粹化的体验来把握的,由此也产生了"即非理论"。大拙在《禅与日本文化》一书中是如此描述禅的,"禅的目的在于……去掉一切表面上的见解并展示佛陀本身的根本精神。可以说,这些'表面上的见解'即是礼仪性、教典性的东西,并以民族心理的特殊性为基础"①。此处所说的"禅"是去除一切繁杂因素、被纯粹化了的理想状态。大拙之所以对明代以后的禅持批判态度,就是因为禅逐渐被综合化,与各种各样的礼仪及信仰相融合了。

然而,实际中的禅并不仅是这种被纯粹化的体验,它还包含着各种要素。近年来的研究开始对禅的礼仪性及其综合信仰的方面关注起来②。从这点来看,我们应该重新探讨大拙将禅过分理想化、纯粹化的理解了。

(二)"人"的思想

"即非理论"是禅在理论上的表现,而体现禅的主体性的思想则是"人"的思想。关于这一点,《日本式灵性》第2篇中以"超个人"的表达方式作了详细论述。所谓"超个人"就是在超越作为"个几"、即一般认为的"个体的自己"时发现真正的主体性。由于它是"超个",因此要超越个体,但这并不意味着个体会消失。相反,它还要通过"超越个体"来实现本来的"个几"。

大拙说他在日本的净土真宗和禅宗里发现了这种"超个人"。前者的代表是亲鸾语录《叹异钞》中的一句话,即"仔细思量弥陀的五劫思惟之愿,全是为亲鸾一人",而后者的代表则是临济说的"一无位真人"。他认为后者是知性的,而前者是感性的③。像这样,禅和净土教共通的宗教主体性就是,综合了超越个体的"超个"与反面贯彻个体的"个几"两个方面的"人",大拙指出了"人"的重要性这点非常值得瞩目。

不过,两者的差异不仅是净土教和禅之间的差异,他认为还可能是日本和中国之间的差异。大拙说,"中国人的心理未能充分表现出直接领悟超个几即个几、个几即超个几的性质"④,因此从感性上把握"超个人"的日本净土真宗要比中国的禅更加优越。

这种优劣评价且按下不表,"人"的思想本来就是中国禅重视的对象,恐怕大拙也是从那里得到的灵感。在第5篇中,他把"人"和《金刚经》中的"应

---

① 《禅与日本文化》,岩波新书版,第2页。

② 在这方面有了一系列卓越的研究成果,如 Bernard Faure, *The Rhetoric of Immediacy: A Cultural Critique of Chan/Zen Buddhism*, Princeton, 1991.

③ 参见《日本式灵性》完整版,第109页。

④ 同上书,第110页。

无所住而生其心"关联起来,将作为主体的"人"解释为由无执着而产生的心的理想状态。这种禅中作为主体的"人"最为明显地体现在《临济录》中的"一无为真人"上,关于这一点大拙在《临济的基本思想》(『臨済の基本思想』,1949 年,《铃木大拙全集》第 3 卷)中作了更加详细的探讨。

关于这一点笔者在此不打算深入讨论了,不过笔者仍想指出一个相关的问题,那就是,当把"人"看做"超个"和"个几"两方面的融合时,禅的另一个重要侧面就不见了。在禅中,由老师将最高境界传给弟子的"以心传心"是极其重要的,在这里面向他者的视角不可或缺。《碧岩录》第 55 则中道吾和弟子渐源关于生死的问答让哲学家田边元对禅者临死之际还在指导弟子的菩萨性作出了高度评价①。

大拙身上缺少这种他者论。这不仅限于对禅的理解问题上,还牵系到另一个问题,即他可能没有完全确立一种视角将异文化当做"他者",从与自己的文化的异质性方面去考察。

刘丽娇 译

---

① 田边晚年的作品《死的哲学》中时常提到这一点。例如收录在田边元的《死的哲学》(『死の哲学』,岩波文库,2010 年)中的《谨记死亡》(「メメント・モリ」)等。

周氏昆仲的日本观

胡令远　艾　菁(复旦大学日本研究中心)

一、引言

鲁迅先生在《内山完造作〈活中国的姿态〉序》中指出："据说：像日本人那样的喜欢'结论'的民族，就是无论是听议论，是读书，如果得不到结论，心里总不舒服的民族，在现在的世上，好像是颇为少有的，云。接收了这一个结论之后，就时时令人觉得很不错。例如关于中国人，也就是这样的。明治时代的支那研究的结论，似乎大抵受着英国的什么人做的《支那人气质》的影响，但到近来，却也有了面目一新的结论了。一个旅行者走进了下野的有钱的大官的书斋，看见有许多很贵的砚石，便说中国是'文雅的国度'；一个观察者到上海来一下，买几种猥亵的书和图画，再去寻寻奇怪的观览物事，便说中国是'色情的国度'。连江苏和浙江方面，大吃竹笋的事，也算作色情心理的表现的一个证据……倘到穷文人的家里或者寓里去，不但无所谓书斋，连砚石也不过用着两角钱一块的家伙。一看见这样的事，先前的结论就通不过去了，所以观察者也就有点窘，不得不另外摘出什么适当的结论来。于是这一回，是说支那很难懂得，支那是'谜的国度'了。"①

鲁迅先生话锋一转，接着指出："倘使长久的生活于一地方，接触着这地方的人民，尤其是接触，感得了那精神，认真的想一想，那么，对于那国度，恐怕也未必不能了解罢。"②而《活中国的姿态》的著者内山完造先生，恰恰"是

---

① 《鲁迅全集》第6卷，北京：人民文学出版社，2005年，第275页。
② 同上书，第276页。

二十年以上，生活于中国，到各处去旅行，接触了各阶级的人们的，所以来写这样的漫文，我以为实在是适当的人物。事实胜于雄辩，这些漫文，不是的确放着一种异彩吗……著者的用心，还是将中国的一部分的真相，绍介给日本的读者的。"①

虽然鲁迅认为在 1935 年中日交恶的年代，对内山先生的这本书，日本的读者看后所得出的结论肯定不同，但他的结论却是："据我看来，日本和中国的人们之间，是一定会有相互了解的时候的。"②

不言而喻，鲁迅在这里强调的是，通过全面、深入的"接触"，直至能够"感得"了对象国的"精神"，是真正了解对方的前提条件与路径。从这个意义上说，中国人对日本的真正了解，或曰中国人的接近实际的日本观——虽然如黄遵宪、王韬等或有洋洋大观的日本记述、或也不乏真知灼见，但由于他们或身份、地位特殊，或有语言障碍等，很难真正深入地接触日本社会的各个阶层，特别是底层的日本一般民众，从而"感得了那精神"——因此可以说只有到甲午战后大批中国青年赴日留学，才得以实现。

当时多数的留日学生，生活是清苦的，所谓"下宿"的生活，使他们直接与日本的下层社会相接触。"中国学生初到日本，吃到日本饭菜那么清淡，枯槁，没有油水……特别是在下宿或分租房间的地方。"③留学生的下宿供膳尚用热饭，而日本则"人家则大抵只煮早饭，家人之为官吏教员公司职员工匠学生者皆裹饭而出，名曰'便当'，匣中盛饭，另一格盛菜，上者有鱼，否则梅干一二而已。傍晚归来，再煮晚饭，但中人以下之家便吃早晨所余，冬夜苦寒，乃以热苦茶陶之。"④至于当时的周氏兄弟，过的则是"完全日本化"的生活。这是"因为我们觉得不能吃苦何必外出，而且到日本来单学一点技术回去，结局也终是皮毛，如不从生活上去体验，对于日本的事情便无法深知的。"⑤据周作人的回忆，他们两兄弟住的是日本普通下宿，上学时穿学生服，平常只是和服穿裙着木屐，下雨时或穿皮鞋，后来也改用高齿屐了。一日两餐吃的是下宿的饭，在校时带盒饭。总之，衣食住各方面过的全是日本生活。他们不但没有感到什么不便，惯了还觉得很有趣。"这里不仅包含了对日本人民普通生活的切身体验，而且还是对日本生活中保留的中国古俗、中

① 《鲁迅全集》，第 276 页。
② 同上书，第 277 页。
③ 张明高、范桥编：《周作人散文》第三集，北京：中国广播电视出版社，1992 年，第 278 页。
④ 同上书，第 279 页。
⑤ 参见钱理群：《周作人传》，北京：北京十月文艺出版社，1990 年，第 119 页。

国民间原始生活方式的重温,从而达到一种心灵的契合。"①

鲁迅曾为了专心学医而到远离东京的仙台,那里当时没有中国人,这样的环境,正如周作人所说,即便只在语言上,也使鲁迅的日语精进很多。而周作人后来也搬家到很少留学生且更加庶民化的麻布区森元町,与裱糊匠、剃头匠为邻。这种如同三等车厢一般的市井生活,使周作人对日本的体验更加"接地气"。留学期间,周作人还常到被称为"寄席"的杂耍场去听"落语",被这种曲尽世态人情的讲笑话的民间艺术深深感染,从中发现日本民情与语言文字中的"谐趣"等。

鲁迅留学日本八年,而留学日本六年的周作人中间未曾回过一次家,又与羽太信子结婚,多次声言视东京为第二故乡。周氏兄弟而外,像郭沫若、郁达夫、戴季陶等亦多如此。正因为他们留学日本多年,对日本有深切的感受,所以他们的日本观与浮光掠影的臆断就不可同日而语。这也是直到今天,周氏昆仲对日本的意见,戴季陶的《日本论》依然受到重视的理由。诚然,美国学者本尼迪克特在没到过日本的情况下,也写出了《菊与刀》那样的名著,但那毕竟是一种特例,而且对于真正了解日本的人来说,还是能从书中感觉出一种著者对日本的隔膜来。

另一方面,正如周作人所常提及的,他和鲁迅留学日本是在明治末期,所以他们昆仲所切身接触、所感得日本社会的精神,也只是明治时代的日本。而且,两人的主要活动区域是东京,所以有可以说是以明治末年的东京为代表的日本。周作人指出:"我的东京的怀念差不多即是对于日本的一切观察的基本……文学美术中最感兴趣的也是东京前身的江户时代之一部分。民族精神虽说是整个的,古今异时,变化势所难免,我们无论怎么看……如不是专门学者,要想完全了解他是很不容易的事。正如中国讲文化总推汉唐,而我们现在的生活大抵是宋以来这一统系的,虽然有时对于一二模范的士大夫如李白韩愈还不难懂得,若是想了解有社会背景的全般文艺的空气,那就很有点困难了。要谈日本把全空间时间的都包括在内,实在没有这种大本领。"②

由此可知,所谓中国人的日本观,一具体化,则无不受到时间空间的限制。所以,无论是从周边看中国,还是从中国看周边;无论是资料,抑或人物,都需注意其中的分际。

① 《周作人传》,第120页。
② 钟叔河编:《周作人散文全集》第七卷,《怀东京》,桂林:广西师范大学出版社,1998年,第324—325页。

从总体的代际上说,影响中国人日本观的客观环境因素也在发生阶段性变化。自上世纪中国改革开放以后,大批中国青年再次成规模地赴日留学,而且与鲁迅他们那一代不同的是,相当多的留学生,他们十年乃至二十年留居日本,融入了日本的产业、教育等领域。长期的旅居生活所积累的对日本的实感,使他们的日本观更加贴近日本的实际,有关中国人的日本观的坚实而宏大的代表性著述的问世,应该为期不远了吧。

二、周氏昆仲日本观之同

通观鲁迅、周作人昆仲的日本观,在很大的差异中,也有惊人的相似之处。归纳起来,其大者可举以下数端。

1. 对日本政治的批判和怀疑

周氏昆仲留学时期的日本观,无疑与当时他们所处的国际的、时代的、社会的环境密切相关。虽然周作人自己一再说他的日本留学生活一直是"颇为愉快"的,并没有遇到乃兄在仙台所遭受的那样的刺激。但他同时也多次提及在日本所受到的两次震动:一次是留学时期的所谓"大逆事件",另一件为关东大震灾时的"大杉荣事件"。他在晚年所写的回忆录中追忆道,留学"期间,却遇见一件事,给我一个很大的刺激。这是明治四十四年(一九一一)一月廿四日的事,那时正在大学赤门前行走,忽然听见新闻的号外呼声,我就买了一张,拿来一看,不觉愕然立定了。这乃是'大逆事件'的裁判与执行……那时候日本有没有共产党虽然未能确说,但是日本官宪心目中所谓'社会主义者',事实上只是那些无政府主义思想的人和急进的主张社会改革家罢了。这一案里包含二十四个人,便是把各色各样的人,只要当时政府认为是危险的,不管他有无关系,都罗织在内,做一网打尽之计,罪名便是'大逆',即是谋杀天皇。他们所指为首魁的是幸德传次郎(秋水)和他的爱人菅野须贺。其实幸德是毫不相干的,因为他最有名,居于文笔领导的地位,所以牵连上了……这些都是检事小山松吉的杰作,其实也正是政府传统的手法,近年的三鹰和松川事件就用了同样的方法锻炼成功的。他们将二十几个不相统属的人做成一起,说是共谋大逆,不分首从,悉处死刑。次日又由天皇特饬减刑,只将一半的人处死,一半减为无期徒刑,以示天恩高厚。这手段凶恶可憎,也实在拙笨的可怜。当时我所看见的号外,即是这二十四个人的名单。"①此外,使周作人再次深感震惊的,"便是一九二三年九月一日大震灾的时节,甘粕宪兵大尉杀害无政府主义者大杉荣夫妇,并及他的六岁

---

① 周作人:《知堂回想录》,兰州:敦煌文艺出版社,1998年,第165—166页。

的外甥橘宗一的这一件事。"①周作人还曾为此专门写过文章。

由以上的事件,使周作人做出如下论断:"日本明治维新,本来是模仿西洋的资本主义的民主,根本是封建武断政治,不过表面上还有一点民主自由的迹象,但也逐渐消灭了。这一桩事,在他们本国思想界也发生不少影响,重要的是石川啄木、佐藤春夫、永井荷风、木下木太郎(本名太田正雄,木太郎的木字本从"木工"二字合成)皆是。石川正面的转为革命的社会主义者,永井则消极自承为'戏作者',沉浸于江户时代的艺术里边,在所著《浮世绘的鉴赏》中说明道:'现在虽云时代全已变革,要之只是外观罢了;若以合理的眼光一看破其外皮,则武断政治的精神与百年以前毫无所异。'"②其实对彼时的日本政治,周作人在1919年第一次重游日本时的观感中,就已经表达了与此相近的看法。在1919年11月发表在《新青年》上的《游日本杂感》中,他指出:"我以为明治的维新,在日本实是一利一害。利的是因此成了战胜的强国,但这强国的教育,又养成一种谬误思想,很使别人受许多迷惑,在自己也有害……日本因为五十年来德国式的帝国主义教育,国民精神上已经很受斲丧……日本维新前诸事多师法中国,养成了一种'礼教'的国,在家庭社会上留下种种祸害,维新以来诸事师法德国,便又养成了那一种'强权'的国,又在国内国外种下许多别的祸害。"③

待到中日关系日益紧张,周作人对日本的政治更加失望,他的日本观和基于此的对日态度,也渐趋激烈起来。其在1927年所写的《排日平议》,集中反映了他对日本的看法。他指出:"非民治的日本,军人与富豪执政的日本,对于中国总是一个威吓与危险……日本天天大叫'日支共荣共存',其实即是侵略的代名词:猪肉被吃了在别人的身体里存着,这就是共荣共存……我们要明白,日本是中国最危险的敌人,我们要留心,不要信任他,要努力随时设法破坏他们的工作。这是中国智识阶级,特别是关于日本有多少了解的人,在现今中国所应作的工事,应尽的责任。"④此外,在周作人对《顺天时报》的评价和态度上,也可看出他对日本政治的批判。周作人在回忆录中用了两节的篇幅叙述了当年的情形。"本来中国的报纸最初都是外国人办的,如上海的《申报》和《新闻报》都是如此,但那是外国商人,主意为的赚钱,不想日本的乃是由政府主持……在北京的一个叫做《顺天时报》,在沈阳——

① 周作人:《知堂回想录》,第166页。
② 同上书,第166—167页。
③ 钟叔河编:《周作人散文全集》第二卷,第187页。
④ 钟叔河编:《周作人散文全集》第五卷,第248—249页。

当时称作奉天的一个叫做《盛京时报》,就名称上来看也可以知道成立的长久,和态度的陈旧了。日本是一个名称君主立宪,而实际是由军阀专政的国家,民国以来北洋政府虽然还很反动,可是民间有些活动显得有民主的色彩,这与日本人的观点是不大合得来的,其时便在报上大发议论,处处为反动势力张目,其影响实在是很大而且很有害的……结果乃由我匹马单枪去和这形似妖魔巨人的风磨作战。"①

及至中日全面战争来临之前,周作人连续写了四篇《日本管窥》,集中反映了他的日本观。对日本的武断政治、军人弄权的基本看法没有什么改变。当时周作人集中发表他的日本观,一是为了想搞清楚日本"非常时"行动的所谓理由所在,同时在此基础上意在寻求解决中日问题的道路。他的结论有三点:一是因为日本对中国负了很重的"文化债",也即长期受着中国的文化压迫,现在要来反一下;二是他认为文化分精神和物质两种,"物质文化"——当时以长枪利炮等杀人器械为代表,虽是低等文化,但掌握物质文化的"英雄"们即是这现实世界的"实力者",应多给予注意才行;三是日本的"非常时"的行为与日本宗教——即神道教的狂热有内在联系。但作为缺乏体验的外国人,对神道教难以深入了解与理解。

周作人对日本的政治及政治文化的看法在当时应该说是透彻和明达的,但就是这样一位自命为"知堂",被人们普遍誉为日本通的学者,在发表《日本管窥之四》不久而北京沦陷,他却很快堕落为他一直批判的日本军部卵翼下的华北教育总署的"督办"。这一极具讽刺意味的周作人的悲剧及其缘由,给人们留下了巨大的思考空间,今天依然如此。

鲁迅对于那一时代日本政治的看法,与当时周作人的观点大抵是一致的。对于日本军部的横暴,对于由此给中国带来的深重的民族灾难,鲁迅一直都表示了极大愤慨,予以揭露。特别是他寓居上海以后,又亲身经历了"一二·八事变",亲眼目睹了这一事变所造成的种种惨痛的后果。他在为萧红所做的《生死场》序言中说:"记得已是四年前的事了,时维二月,我和妇孺正陷在上海闸北的火线上,眼见中国人的因为逃走或死亡而绝迹。"②萧红所写,是日本侵占我国东北带来的惨剧。鲁迅曾就"日本占领东三省的意义"答文艺新闻社问:"这在一面,是日本帝国主义在'膺惩'他的仆役——中国军阀,也就是'膺惩'中国民众,因为中国民众又是军阀的奴隶;在另一面,

---

① 周作人:《知堂回想录》,第288页。
② 《鲁迅全集》第六卷,第422页。

是进攻苏联的开头,是要使世界的劳苦群众,永受奴隶的苦楚的方针的第一步。"①

鲁迅对于日本国内政治的看法,可由在他听说日本作家小林多喜二在东京被日本当局逮捕后,当晚遭毒打致死后用日文所发表的,题为《小林同志之死》(同志小林の死を聞いて)的悼念文可知:日本と支那との大衆はもとより兄弟である。資産階級は大衆をだましてその血で界をえがいた、又えがきつつある。併し無産階級とその先駆達は血でそれを洗って居る。同志小林の死はその実証の一つだ。我々は知っている、我々は忘れない。我々は堅く同志小林の血路に沿って前進し握手するのだ("日本和中国的大众,本来就是兄弟。资产阶级欺骗大众,用他们的血划了界线,还继续在划着。但是无产阶级和他们的先驱们,正用血把它洗去。小林同志之死,就是一个实证。我们是知道的,我们不会忘记。我们坚定地沿着小林同志的血路携手前进。")②

此外,鲁迅的一些日本友人曾多次表示希望鲁迅能重游日本,鲁迅在1932年4月回复日本友人内山完造的信中指出:"早先我虽很想去日本小住,但现在感到不妥,决定还是作罢为好……依我看,日本还不是可以讲真话的地方,一不小心,说不定还会连累你们。"③又如在1934年1月的信中,他表示,"然而现在到日本去,怕有麻烦罢。让便衣盯着去看樱花,固然也别有趣味,但到底是不舒服的事,因而目前还没有到日本去旅行的决心。"④鲁迅在送别增田涉的诗中,也曾有"心随归槎忆华年"之句,他甚至也曾打算夏天带海婴去博多洗海水浴,都说明对生活过八年之久的日本,还是怀念的。但他也清醒地认识到日本政府的那些官宪的卑劣,只能放弃了。

2. 对日本文化的共同赏识之处

对于日本文化的认识和看法,周氏昆仲在很多方面毋庸说存在很大差异,但也有共同欣赏之处。如对夏目漱石小说的喜爱,特别是对武者小路实笃的《一个青年的梦》,两兄弟或介绍、或翻译,都表示了极大的热情等。对于活跃于明治、大正年代的一部分有特色、思想深刻的作家作品,他们或给予高度评价,或引为同道知己,他们共同翻译出版的《现代日本小说选》,即

① 《鲁迅全集》第四卷,第318页。
② 《鲁迅全集》第八卷,第375—376页。
③ 《鲁迅全集》第十四卷,第199页。
④ 同上书,第282页。

是一个实证。

三、周氏昆仲日本观之异

就物质文化方面,如前所言,在周作人的日本观中,虽然他认为高级的、以艺文学术为代表的精神文明是一个国家的光荣,而物质文明不过是一个低级层次的东西,但也就是"实力"所在。具体到中日战端一旦全面爆发,他以海军出身(南京水师学堂)的目光,认定中国没有真正意义上的海防,海岸线又那么长,日本军队可以随处轻易登陆,一盘散沙的中国的抵抗是徒劳的。正是由于这样的军事上的失败主义的日本观,导致周作人严重的民族失败主义,这也是他在日本占领北京不久,稍作消极的抵抗,很快就屈服了的重要原因。

鲁迅身经"一二·八"淞沪抗战,感受到中国军民的抗战意志与热忱。1936年,病中的鲁迅在《答徐懋庸并关于抗日统一战线问题》一文中言道:"在国难当头的现在……中国目前的革命的政党向全国人民所提出的抗日统一战线的政策,我是看见的,我是拥护的,我无条件地加入这阵线,那理由就因为我不但是一个作家,而且是一个中国人,所以这政策在我是认为非常正确的,我加入这统一战线,自然,我所使用的仍是一支笔,所做的事仍是写文章,译书,等到这支笔没有用了,我可自己相信,用起别的武器来,决不会在徐懋庸等辈之下。"[1]在鲁迅的心目中,当时的日本确实十分强大,是一个劲敌,但只要中国人民结成广泛的民族统一战线,团结起来,就一定能够战胜这个强大的敌人。而这实际上也成了他的遗言和遗志。

在文化一面,周氏昆仲对日本文化的认识、理解和选择,如前所述,虽有共同之处,但差异是明显的,主要体现在如下几个方面。

首先,周作人对他所处时代的日本几乎所有的文学样式的作品都有接触乃至深入的探讨,从中总结和揭示了日本文学、文化的一些重要要特征。譬如日本衣食住文化中体现的崇尚简素、爱好天然等特质。另外,周作人对日本的通俗文学也情有独钟,从中体味出幽默、滑稽的趣味。他还从众多的日本作家的作品中,探寻出日本文化中"游戏的心情"这样一种审美追求。他从浮世绘的艺术中,则参悟出其中体现的"东洋人的悲哀"。以上种种,多数构成了周作人对日本文化的独特感知和理解。也正是因为较成系统地在广与深两个方面下过一番工夫,所以周作人还断言日本文化是"创造性的模拟",这一论断对一向看不起日本文化的中国人来说,不言而喻自有其特别

---

① 《鲁迅全集》第八卷,第548—549页。

的意义。

鲁迅自称是贩卖日货的专家,他同时给自己的定位是像普罗米修斯那样的"窃火者",对日本文化奉行的是剜坏苹果式的"拿来主义"。这样,一方面需要对日本文学艺术进行"过筛子",也即有一个全面了解;另一方面就是所谓甄选,将符合自己要求的,译介给中国的读者。因为重在后者,所以并不多见鲁迅关于方方面面的日本文学艺术的评价及结论,而我们从他所译介到中国的作品可知,他看重的主要在于文艺理论、文艺与社会之关系等方面。他激赏厨川白村即是由此。另外,他所欣赏的作家兼文艺论者还有岛崎藤村、有岛武郎及武者小路实笃等。而对片上伸教授,他表示"我总爱他的主张坚实而热烈"。由以上种种,可以约略窥知鲁迅日本文化观的倾向之所在。

在艺术方面,周作人常说自己是门外汉,而推崇乃兄。鲁迅从小喜爱"图画",对于日本的代表性艺术即所谓浮世绘,他指出:"关于日本的浮世绘师,我年轻时喜欢北斋,现在则是广重,其次是歌麿。写乐曾备受德国人的赞赏,我读了二三本书,想了解他,但最后还是不了解。然而,适合中国一般人眼光的我想还是北斋。"①

四、简短的结论

对日本研究有素的周作人,在《日本管窥》的终篇,曾自嘲云:"平日喜谈日本文化,虽然懂得少数贤哲的精神所寄,但于了解整个国民上我可以说没有多大用处,而且这种文化所表示者往往与事实现状背驰……日本文化可谈,而日本国民性终于是谜似的不可懂,则许多切实的问题便无可谈,文化亦只清谈而已。"②这是文化,在政治一面,他于《日本管窥之二》中指出:"我仔细思量日本今昔的生活,现在日本'非常时'的行动,我仍明确地看明白日本与中国毕竟同是亚细亚人,兴衰祸福目前虽是不同,究竟的命运还是一致。亚细亚人岂终将沦为劣种乎,念之惘然……结论至此,实在乃真是漆黑的宿命论也。"

相对于此,一直被周作人视为悲观论者的鲁迅,如前所引,"据我看来,日本和中国的人们之间,是一定会有相互了解的时候的。"③而且他相信总有一天,中日两国能够"度尽劫波兄弟在,相逢一笑泯恩仇"。

---

① 《鲁迅全集》第十四卷,第282页。
② 张明高、范桥编:《周作人散文》第三集,第300页。
③ 同上书,第281页。

　　胡适曾感叹像周作人那样能够赏味日本文化的,在中国并不多见。如前所述,对日本既有长期亲身体验,又有条件进行深入研究的周作人,在中日交恶之时,对日本并不看好,同时也深陷中国军事—民族失败主义泥坑,而最终选择以身事敌。由此我们是否可以说他是一个彻底的悲观论者呢?在他的日本观中,有一点也是不能忽略的,也即他觉得唯一可以与日本抗衡并会最终奏效的,是中国以儒家为代表的传统文化。不言而喻,这源于其对中国历史上的元朝、清朝的看法——虽然"异族"在政治上统治了中国,但在文化方面最终将被同化。

　　质言之,对中日关系的现实与未来,鲁迅先生相信当时中国的抗战能够最终获得胜利,而中日两国的相互了解与理解可期;而周作人认为构成日本人国民性深层的是难以以理性去理解的宗教,即神道教,中日两国国民很难相互深入了解;而在当时军事、政治的现实层面,中国必败,但中国的文化传统是不可战胜的。

中国宪法史上的明治宪法
——以伊藤博文的中国观为据

泷井一博(日本·国际日本文化研究中心)

曾担任复旦大学校长、清末民初启蒙思想家的代表严复,为以伊藤博文之名发表的大日本帝国宪法(以下简称明治宪法)注解书《宪法义解》的中文译本作了序言。在序言中,他如下写道:

> 日本之立宪也,伊藤氏之曹,实杂采欧洲诸国所已行者就之,间亦度其国势民情所能行者以为损益。故是编者,谓之日本帝国宪法可耳,若以概欧洲立宪之制,则亦有僢驰不相比附者矣。此读者所要知者也。①

按照对严复进行充分研究并出版过相关论著的区健英氏的说法,在此严复论述了明治宪法"并非将西欧宪政照原样输入,而是根据日本自身的国情进行取舍选择之后制定而成"②这一观点。

正如严复所敏锐洞悉的那样,明治时期日本宪法的制定,是作为西洋文明产物的立宪主义如何以与日本国情相适应的形态固定下来的一个尝试。这就是明治维新这个即便在世界史上也极为罕见的国家建设实验历经了种种曲折所得出的结论。并且,明治宪法是日本乃至东亚首个近代宪法。说到那时的日本经验,我认为对于近代中国的宪法史来说,它也提供了珍贵的

---

① 王栻主编:《严复集》第一册,北京:中华书局,1986 年,第96 页。
② 参见区健英:《自由与国民:严复的摸索》,东京:东京大学出版会,2009 年,第390 页。

用于比较研究的素材。

抱着如许期待,本次报告旨在介绍与日中两国宪法史交集相关联的一段小插曲。登场人物就是此前已经提到过名字的伊藤博文。如前文所述,伊藤编纂了明治宪法的权威注解书《宪法义解》,话又说回来,明治宪法本身也是依靠他强有力的领导能力制定而成。因此,若是要解明明治宪法的思想和构造,对伊藤的政治思想与国家构想进行探究是不可回避的一个重要课题。

作为明治宪法之父,伊藤的名字在同时代的清朝也非常有名。伊藤有不少于两次因清朝的立宪化问题受到求助。

第一次是在 1898 年,也就是戊戌政变发生的那一年。那时正在中国大陆漫游的伊藤被卷入到正在北京发生的政变之中。让我们一同来回顾事件发生的详细经过。

伊藤进入北京是在 1898 年 9 月 14 日。恰好那个时候,他看到了康有为他们主导下的变法运动正在首都北京如火如荼地进行。这是依靠光绪皇帝正式发布的政策,在中国掀起了向立宪制进行全面改革的热潮。

在这样的形势下,伊藤作为在迄今为止被蔑称为东夷的日本率先施行宪法并使之完成文明化,成为超越中国的强国的主导人物,被偶像化了。据当代首屈一指的开明派的知识人严复创办的日刊《国闻报》载,北京有传言说是有将伊藤留在中国用为顾问官的计划①。

来到北京的第二天,伊藤与乾隆皇帝的曾孙,之后成为清朝第一个也是最后一个总理大臣的庆亲王进行了会谈。五天之后的二十日那天,他谒见了光绪帝。光绪帝以让伊藤在自己旁边落座这样的破格待遇迎接了伊藤②。

与此同时,康有为、梁启超等变法派与拥戴西太后的保守派之间的激烈的权力斗争正在暗地里进行,形势向着对变法派不利的趋势发展。在一触即发的状况下,伊藤来到北京。对于他的来访,"正处在困境中的变法派寄予了极高期待"③。不过,当时的伊藤察觉到变法派的如此处境。认清了总理衙门诸大臣不一定赞成变法这一事实的伊藤,与变法派保持着距离。9 月 18 日,在意识到西太后一派得势的可能性极高的情况下,康有为到日本公使馆拜访伊藤,恳请他说服西太后以支持变法。然而,伊藤没有答应合作。失

① 参见丁文江、赵丰田编:《梁启超年谱长编》I,上海:上海人民出版社,2009 年,第 150 页。

② 参见王晓秋:《近代中日启示录》,北京:北京出版社,1987 年,第 103 页。

③ 菊池秀明:《末代皇帝与近代中国》(『ラストエンペラーと近代中国』),东京:讲谈社,2005 年,第 107 页。关于伊藤与戊戌政变,也可参见彭泽周:《中国的近代化与明治维新》第五章,东洋史研究丛刊〈29〉,1976 年。

望至极的康有为断言"侯爵轻蔑敝国甚矣！"便扬长而去。

得到光绪帝赐见的第二天，也就是21日，爆发了戊戌政变。以西太后为中心的守旧派势力集结起来将皇帝软禁，领导变法运动的康有为和梁启超流亡日本，康有为的弟弟康广仁和谭嗣同等人被处死。

康有为和梁启超流亡日本，是受到伊藤的引渡。正如前文所述，伊藤虽然并没有积极协助变法改革，却对作为改革核心人物的改革派知识人，特别是对梁启超抱有同情之心。根据当时驻清代理公使林权助的回忆录，伊藤说了"梁这年轻人是伟大的家伙啊！我真是佩服这家伙！"并做出"帮帮梁吧，然后让他逃往日本。如果到日本的话我来照应他"这样的指示①。

无论如何，置身于戊戌政变的漩涡中，饱尝清末政局混乱的伊藤，深刻认识到不能过分过问中国政治。如是构成了伊藤自此之后贯穿其整个生涯的中国观。紧接着政变之后，伊藤给夫人的住所写了一封信，信上写了"我不明白中国之事"。不知中国政局之底限，就不应该去干预它。这就是伊藤对于中国的基本态度。

但另一方面，伊藤对与中国大陆经济上的往来是非常积极的。如此政治与经济的分离才是伊藤中国观的本质。为了说明这一点，我们来看他与张之洞之间的交际。

遭遇政变之后，伊藤没有改变行程，继续进行他的中国之旅。10月5日到13日他在上海旅居，之后经由扬子江到汉口。然后在那里受到当时担任湖广总督并称霸湖广的张之洞的招待。14日，伊藤与张之洞进行了第一次会见。之后的17天他都在此地逗留。在此期间，纪录两者会谈内容的资料是11月4日伊藤从上海寄往张住所的书信。这封信写于归国前夕，伊藤在信中说，已经拜读会见时获赠的张的著作《劝学篇》，深深折服于其中卓越的学问见识，变法自强说不合时宜，停止变法既关系到中国又关系到整个东亚的存亡。因此，支撑起担负内外重望的中国除阁下之外别无他人。

从这里可以看出，伊藤与张在这个时期明显形成了思想上的共鸣。也就是回避急剧变化的改革，谋求渐进式近代化的思想。共同持有这样想法的两人意气相投，双方互相认可对方为商业上的合作伙伴。

事实上，伊藤拜访张之洞是出于具体的商业项目。当时日本为官营八幡制铁所开业所做的准备正在按预定顺利进行（1910年2月开始进行作业）。钢铁业的建立也是明治国家的宏誓大愿，日本第一个近代化钢铁工厂

---

① 参见林权助述、岩井遵人编：《说起我们七十年》（『わが七十年を語る』），东京：第一书房，1935年，第92—93页。

八幡制铁所的建设是待机而行的国家事业。制铁所悬而未解的问题之一，就是如何持续取得大量且优质的铁矿石。日本政府期待张之洞统辖的湖北省的大冶铁山成为铁矿石的货源地。湖北省先于八幡，在1893年建立了亚洲第一个近代炼铁厂——汉阳铁厂，这正是在张之洞的主导之下设立的。《张文襄公年谱》光绪二十四年九月的条目记载了张与伊藤会谈之时，确实订下了用日本焦炭与中国铁矿石交换的协议。根据协议，伊藤提议"应将日本石炭运到鄂（湖北省），船回航之时代销（代理销售）大冶铁矿"，张之洞答复将尽快探讨此事①。

因此尽管伊藤对当时清朝末期政治上的混乱不堪十分谨慎并与之保持距离，但与中国经济上的来往却呈现出积极的姿态。一般认为，大冶铁矿石被纳入后来臭名昭著的对华二十一条要求中是日本对中国进行经济侵略的开端。然而，伊藤投向中国的视线，与这样的掠夺者有着明显区别。从中国归国后，伊藤展现了如下中国观。

　　　　清政府如斯疲敝，然人民之勤勉于世间无有能及。此实为彼之无尽财富。若革新财政方针，施行诸般改良，中国成为日益发达之帝国绝非难事。

从这里可以看出，伊藤认为中国经济只是暂时落后。从长远来看，他认为中国的繁荣有大大的可能性。伊藤对中国经济高度评价的背景是，他认为依靠流入中国的西欧资本与中国的劳动力相结合的一大经济圈正在诞生。即便假设中国人不能依靠自身来振兴产业，"从欧洲人逐步介入，振兴工业、建设铁路这样的情况来看，这也是相当了不起的事"。

就这样，尽管伊藤与作为国家的中国保持疏远距离，却倡导日本应接近作为市场的中国。他将这样的日中关系论在福冈、北九州等地开展演说。比如说下面这个例子。

如果中国诸多的产业发展下去的话，今后的需求一定会飞跃性增长，日本经济无法坐视不管。"无论中国政府怎样，中国的主权怎样，中国人民的需求一定会日渐增长下去。而日本则处在满足中国需求的最有利位置。"（1899年5月20日，在福冈）伊藤极力主张决不能犯欧洲诸国打入中国大陆

---

① 于乃明：《小田切万寿之助研究——明治大正中日关系史的一个侧面》（『小田切万寿之助研究：明治大正期中日関係史の一側面』），筑波大学博士论文，1998年，第202页。1900年日本方面进一步寻求获得大冶铁山的利权之时，张之洞提出了每年所供给铁矿石以五万吨为限的条件，并是看在伊藤的"面子"上同意此事的。吴剑杰编著：《张之洞年谱长编》下，上海：上海交通大学出版社，2009年，第619页。

经济动身晚的愚蠢错误。这样主张的背景出于以八幡制铁所为中心的北九州地区与张之洞统率的湖北经济圈联合协作的具体构想。将中国政治和经济区分对待，与前者保持距离，对后者积极干预。这就是基于伊藤自身中国经验的国家战略。

抱有此种中国观的伊藤，他对中国作为一个国家的理想状态持什么样的展望呢？为了回答这个问题，有必要考察伊藤与中国的第二次接触。

1905 年末，清政府为进行立宪政治调查分别向欧美和日本派遣了以端方和载泽为中心的两组视察团。在此期间，载泽率领的视察团在第二年，也就是 1906 年的 1 月至 2 月，留日进行宪法调查，也从伊藤那里听取了意见。随后，以 1907 年 12 月袁世凯的上奏为发端，日本宪政调查团第二次来到日本，从事了一年以上的长期调查①。当时对中国方面的调查做出很大贡献的是在早稻田大学等学校教授宪法学及国家学的有贺长雄。有贺从 1908 年 2 月到翌年 7 月为担任调查团领导的达寿（1908 年 5 月他们归国，后来由李家驹继任）进行了共计六十次讲座。

有贺给清朝派来的调查团进行讲义之事，是受伊藤的指示。伊藤作为东亚首个导入、定型立宪政治的政治家，声誉依然很高。由于伊藤名声在外的缘故，1906 年调查之际，清朝方面希望从他那里听取意见，1908 年之时向他请求帮助。然后在伊藤的斡旋之下，当时决定让有贺担任清朝调查团的讲师②。

那个时候，伊藤亲自向清政府调查团传授了什么事情呢？宪法制定之时，按照什么样的方法和顺序实行好呢？面对载泽的这个提问，伊藤说了"问题太大，难以回答"之后，大略说了以下的话。中国是一个疆域广阔、多民族多文化且多语言的社会，交通尚未整备，国内交流也相当困难。中国不同于日本这样一个均一化的国家，要实施统一的法制制度是恐怕是一件难事③。总而言之，他的见解是，在缺乏国民国家统一性的中国，难以期望立宪制度能完全发挥其机能。

1909 年 8 月进行的演讲之中，他陈述了"中国宪法政治成功与否最初就存在疑问"，并说了以下这些话：

---

① 参见熊达云：《近代中国官民的日本视察》（『近代中国官民の日本视察』），东京：成文堂出版部，1998 年；曾田三郎：《迈向立宪国家中国的始动》（『立宪国家中国への始動』），东京：思文阁出版，2009 年。

② 参见伊东巳代治：《清国宪法与我国》（「清国宪法と我国」）。

③ 参见熊达云：《近代中国官民的日本视察》，第 137 页。

　　如日本交通便宜,四面环海而水运发达,加之铁道铺设,更添交通之便,年年召开议会亦非难事。然如中国,国土之广袤自不待言,而尚乏铁道之便,藉由何法迅速召集议员,本官尚存疑惑。

　　除上文提到客观的理由之外,伊藤对中国保守的政治思想、明治日本的地方官会议开始以来向立宪化渐进的步伐以及中国向立宪政治的过渡进行着冷静的观察。如果导入立宪政治,反而会扰乱中国政治,这种祸害可能波及周边的各个国家。他是这样表达他的忧虑之情:

　　中国之立宪政治,实为与亚洲和平关联至深之重大问题,不可不察。无视中国领土之广袤,积习之难改,地方自治之不固,交通工具之不备而制定实行之物,或与法律、习惯不全契合。倘若此法不行,对岸领土最为广袤之中国将何去何从。每思及此,不寒而栗也。

　　中国的立宪化一旦破产,将会招致什么样的结果呢? 一想到此事,"不寒而栗也"。这就是伊藤直率的见解。

　　总而言之,伊藤是这样考虑的,立宪制度适合于同质性高的国民组成的中小疆域国家,并不适合于疆域广阔多民族多文化的国家,于是在诸如此类多文化社会中,若要建立承认国民政治参与的体制,反过来会种下内乱的祸根。如果能顺利运用立宪制度的诀窍,就可以带来国家发展,如果不能,将招致解体。在伊藤看来,立宪政治是一把双刃剑。作为国民政治家的伊藤,他考虑问题的基本出发点就是防止中国政治秩序的不安定化及其余波波及日本。于是他认为对此而言中国的立宪化是消极的。

　　本次报告对于中日关系绝非要说不好听的话。之所以这样说,主要是有两个目标。第一个目标是,必须指出明治日本迈向立宪国家的步伐在东亚史上具有特殊性。也就是在以中国为中心的文明圈内带来完全属于另一文明的原理。以伊藤为首的明治领导人们充分意识到这一点。同时,他们像严复所准确评论的那样,在深思熟虑之下为使西洋的立宪主义符合日本国情付出了巨大的努力。

　　第二个目标就是,试图探讨立宪制度在人类历史中的意义。立宪主义也许是人类普遍的价值观吧。我相信无论如何这一定是与全世界的和平与幸福息息相关的事,被近代日本孕育的伟大政治现实主义者伊藤博文所道破。根据伊藤的看法,所谓立宪国家,就是指在某些特定地理社会历史等多个条件下可能存在的国家形态。一言以蔽之,只有诞生于 19 世纪的西方、被称为国民国家的国家单位,才是有效的国家体制。这个所谓的国民国家,需在迈向全球化的现代社会中严格考察其存在意义。立宪主义也好,国民国家也好，终将逃脱不了消解的命运。我认为严复向我们展示出了关于这个问题先见之明的见解。

根据前文提到的区建英的研究，严复的国家思想的起点，就是严加区别种族与国家。严复认为，文明社会应该是克服了种族和民族思想的合理性国家的社会。所谓合理性国家，就是法制化的有机国家。区氏将严复的思想与孙文的民族主义加以区分，称之为国民主义。到此为止的探讨，可以得出严复与伊藤同出一辙的结论。他们出现分歧是之后的事了。

与伊藤博文同样持有国民主义思想的同时，严复眼前的中国正处于多民族多样化的现状。意识到这一点，他在"寻求相对排除均质化保有多样性的社会统合的合理方式"①。具体而言，严复揭示的是包含地方自治（local government）为基础的统治多样性在内的统一国家的形成。也就是自下累积（由下而上）的国家形成。

与此相对，伊藤博文所推进的国民国家的形成，是从中央自上而下进行的，是中央集权的统一国家。这是对实现迅速完成近代化并赶上西方列强这一目标极为有效的国家构想。然而，前文提到的全球化中19世纪类型的国民国家不能充分对应如斯状况，僵硬化引发了机能不全。

今天，近代国民国家的界限存在于多种多样的领域。在这些领域之中，以EU（欧盟）为代表的广域的国家秩序的构筑一直被世人所瞩目。然而另一方面，如严复所指出的那样通过育成力图保存社会多元性的地方自治来重建国民国家，我认为今后值得对此进行充分探讨。

韦梦夏　译

① 区健英:《自由与国民:严复的摸索》,第175页。

竹内好对近现代中国的认识及其影响

刘建辉(日本·国际日本文化研究中心)

导言

　　二战以后,日本学术界对于近现代中国、尤其是中国的革命,基本上是以肯定的态度来理解其过程和成功的,其背景因素之一是他们对侵略战争的主动反省。在这一过程中诞生了一些研究中国的佼佼者,例如竹内好,他曾作为一名日军士兵几番亲临侵华战争的"现场",正是这种站在完全对立立场上的"他者"视角,反而比中国人更深刻地探求了中国革命的原理,并敏锐地解析出中国革命的必然性。今天,中国的革命实质上无论在中国国内还是国外都逐渐被相对化,其理念和实践也半历史遗产化了,然而其壮烈的历程绝对没有与如今的中国相脱离,因此我认为对它作出重新认识及建设性的验证也是极为重要的工作。竹内在二战后长期引领了日本的对中研究,直到今天仍然在中日思想界具有巨大的影响力。尽管非常简略,下面我想对竹内的近现代中国认识、尤其是革命认识进行回顾,从而尽量为时间跨度较长的、全面的近现代中国认识找到一个切入点,探索更进一步、更深层次的相互理解。

一、竹内对鲁迅的认识

　　竹内对中国革命的认识始于对中国文学家鲁迅的研究。竹内的著作《鲁迅》(日本评论社)在他被征兵前夕的 1943 年 11 月完稿,并在其出征时的次年 12 月出版发行。在该书中,他"孤独地呻吟着"①,最后发现了鲁迅之所以为鲁迅的"原理"和"法则",建立了直到今天依然屹立不倒的鲁迅认识。一言以蔽之,他的鲁迅认识全部凝聚在"类似于'抗拒'"(自注)、或鲁迅本人也爱用的"挣扎"一词中,其含义非常深邃。后来他发表了《思想家鲁迅》②一文,可以说这是对上述鲁迅论的解说,在此文中他对被称为"鲁迅精神"支柱的"挣扎"(=抗拒)作了简明扼要的解释。

> 对于自由、平等及其他一切资产阶级道德的进口,鲁迅是抗拒了的。他抗拒的是将那些东西当做权威强加于己的行为。他看得透彻,把新道德带进没有基础的旧社会并不能解放世人,只会把它们变成封建性的畸形产物,甚至转化成于压迫者有利的工具。……因此,他从未与同时代宣扬新价值、反对旧价值的进步主义者统一过步调,相反还同他们顽强地战斗着。这一点并不局限于道德,还适用于科学、艺术、社会制度等一切方面。

> 在进步人士的眼中,这样的鲁迅是个顽固的保守主义者。然而,他对一切旧事物也毫不留情,没有人比他更彻底地憎恨封建制度和它带来的虚伪。……他几乎不怀疑,人类必须获得解放、最终也会得到解放,然而在他看来通向解放之门却是紧闭着的。一切的解放似乎都是幻想。……总之,他不相信外来的救济。因此,反叛就以反叛自己的形式表现出来。

外来的进步性="近代",内在的封建制度="传统",而对两者都抗拒的鲁迅就是竹内对鲁迅的定位。他还说,鲁迅对这两者带来的"黑暗"感到绝望,不,他甚至拒绝着绝望同时又孤独勇敢地"挣扎"(=抗拒)着。竹内在同一篇文章中进一步说道:

> 他不仅正视着中国的落后性,而且还拒绝了所有对解放的幻想,如此的话便只剩下绝望。……对一切事物都不相信的他也不打算相信自己的绝望。他看到黑暗,而且只看到黑暗,那个自己和他看到的黑暗是一体的。只不过,他切实感到那给自己带来痛苦,唯有此时他才能意识到自己的存在。为了活着,他不得不把痛苦喊叫出来。这种抗拒的呐喊就是鲁迅文学的根源。而这一原理贯穿了他的一生。

---

① 竹内好:《鲁迅》(创元文库版)·武田泰淳解说,东京:创元社,1952 年。
② 《思想家鲁迅》(「思想家としての鲁迅」),原题《鲁迅》,收于 1949 年 12 月筑摩书房发行的《哲学讲座》第 1 卷,后改题作为"附录"收入创元文库版《鲁迅》一书。

拒绝作为他者的"外在",同时也拒绝与他者"一体"的自我这一"内在",在鲁迅达到的这种思想境界中,竹内看到了鲁迅之所以是鲁迅的主体性。竹内后来也多次展开了这一理论,不仅是对鲁迅,他还将这一理论作为一切"回心"的原理着重强调了下去。

> 一个奴隶拒绝自己是奴隶的事实、同时又拒绝对自由的幻想,或一个奴隶意识到了自己是奴隶,这是一个人从"人生最为痛苦"的梦中醒来时的状态。这种状态就是,没有出路却不得不走,不,是正因为没有出路才不得不走。他拒绝自己,还拒绝自己以外的事物。这就是鲁迅拥有的、而且是成就鲁迅的绝望的意义。绝望产生于走一条没有出路的路的挣扎中,挣扎是绝望化成的行为。若把它当成状态来看就是绝望,把它当做行为来看就是挣扎。这中间没有人道主义插足的余地。①

那么,为什么鲁迅会有如此成就呢? 这当然不是天生的。竹内认为其契机源于孙文屡屡的"失败"。他罗列了鲁迅提到孙文的文字,并分析道,孙文不仅在辛亥革命中"妥协"(= 失败),其后也多次经历"失败",对于如此遭遇的孙文,鲁迅"对照自己的全部过去"理解了这个"革命的失败者"②。

> 他为什么尊敬孙文呢? 他到底欣赏孙文的哪一点? 这个问题也有明确的答案。他在孙文身上看到了真正的"革命家"。什么是真正的革命家呢? 那就是临死之际仍在叫喊"革命尚未成功"的人。革命尚未成功。辛亥革命不是革命。二次革命、三次革命都不是革命。为什么呢?因为"革命无止境"。真正的革命是"永远的革命"。只有意识到"永远的革命"的人才是真正的革命家。

> ……孙文的伟大之处在于他相信"永远的革命"。他甚至摧毁了亲手建立的中华民国,因为它不是革命。(中略)革命的成功不是喊叫"革命已成功"、而是信仰永远的革命并摧毁"革命未成功"的现在。③

其实,在孙文身上看到"永远的革命家"的鲁迅是在"永远的革命家"中看到了自己。鲁迅初期信仰尼采超人说及进化论,中期相信新兴文学的

---

① 《中国的近代与日本的近代——以鲁迅为切入点》(「中国の近代と日本の近代——鲁迅を手がかりとして」),后改题为《近代とは何か(日本と中国の場合)》,收入东京大学东洋文化研究所编《东洋文化讲座》第3卷《东洋的社会伦理之性格》,东京:白日书院,1948年。
② 《鲁迅入门》(『鲁迅入門』),东京:东洋书馆,1953年。
③ 竹内好:《鲁迅》,日本评论社,1944年12月。

胜利且"不安于小成",晚年在相关论战中表现出自己的处身之道,竹内从中"抽象"出"可称为贯彻始终的根本态度"从而得出了上述结论。就这样,虽有些"踌躇",竹内仍然将一般决称不上革命实践者的鲁迅同在精神传承意义上的"永远的革命家"孙文联系起来,并承认鲁迅的本质是"革命家"。

不仅如此,竹内还用几乎一样的理论操作在这个"永远的革命家"的继承者中加上了毛泽东的名字。他认为由于毛泽东非常佩服鲁迅,因而在其成长的根基上,鲁迅大约"增添了浓墨重彩的一笔"。他还得出结论说,就像当初鲁迅从孙文处吸收了"经验"一样,毛泽东也从鲁迅那里吸取了经验,也许后者的程度更深。

> 在文学上不断追求提升的鲁迅一次都没有满足过现状。他从未停下脚步,甚至从被罚永世流浪的犹太人阿哈斯韦卢斯身上看到了自己的影子。毛也为了自己的理想不断打破现状,直到今天似乎依然如此。在身为现实主义到令人恐怖程度的理想主义者这点上,二人是相通的。①

在竹内的眼中,鲁迅的定位刚好是"孙文和毛泽东之间的桥梁"②。因此,始于孙文的永恒革命观正可谓是"通过鲁迅延续到毛泽东的思想谱系",三人的传承直接就将中国近代史演出成一部"革命史"③。当然,其中毛泽东被放在最成功的实践者的位置上。

二、竹内对毛泽东的认识

对于毛泽东,竹内后来自己也承认,"只要研究毛泽东,无疑就能看清中国革命的特质"④。和对鲁迅的研究同样,他满怀热忱地调查研究了毛泽东,而后撰写了日本第一篇毛泽东传记《评传 毛泽东》⑤。不仅如此,他还不遗余力地通过翻译及解说等方式向日本人介绍这一人物。

在《评传 毛泽东》中,竹内首先仔细阅读了毛泽东从参加革命初期到建

---

① 《鲁迅和毛泽东》(「鲁迅と毛沢東」),载《新日本文学》第9期,1947年9月。
② 《思想家鲁迅》(「思想家としての鲁迅」),原题《鲁迅》,收于1949年12月筑摩书房发行的《哲学讲座》第1卷,后改题作为"附录"收入创元文库版《鲁迅》一书。
③ 《日本·中国·革命》,收于《讲座中国》第1卷,东京:筑摩书房,1967年。
④ 《中国近代革命的发展与日中关系》(「中国近代革命の進展と日中関係」),福冈联合国教科文组织演讲,1968年10月31日。
⑤ 《评传 毛泽东》(『評伝 毛沢東』),载《中央公论》,1951年4月。

国为止的著作,从中抽取出"具有系统的一贯性、整体性和独立性、若要整合便能互相贴合的特性"。他还强调说,他的思想萌芽就像"年轮般生长起来",全无"变形或倒退",其实早在井冈山革命根据地时期它就已经成形,并构成了后来一切理论和实践的"原型"。

> 毛泽东思想形成于这一时期。当他的内外生活一切归零时,当他再没有什么可以失去时,当他有可能拥有一切时,其思想原型就产生了。之前他在(anderssein)性的所有知识和经验都从离心转向成向心凝聚在他一人身上。由此作为党的一部分的他变成了党本身,党不再是中国革命的一部分而是全部。世界改变了形态。也就是说,毛泽东改变了形态。主体与客体合二为一,新的分化开始产生。毛泽东获得了重生。在此之前他是马克思主义者,如今马克思主义与他一体化了,马克思主义和毛泽东主义成了同义词。也就是说他本身成为了创造的根源,那就是纯粹的毛泽东或原始的毛泽东。

毋庸赘言,这套理论与说明鲁迅抵达"回心"这一思想高度的历程的理论何其相似。笔者以为,竹内正是利用两者理论上的同一性来观察鲁迅、毛泽东,并从前者的"混沌"(=矛盾)中分析衍生出后者的思想"根源"(=纯粹的毛泽东)。这一"根源"是什么? 它"来自下面两者的矛盾组合,即敌强我弱的认知和我立于不败之地的确信",当年的革命根据地就是根据这一辩证法性质的"矛盾"(="原理")不断发生发展起来的。

> 无论敌人多么强大都夺不走根据地,因此自己是不会失败的。为什么夺不走根据地呢? 因为中国的经济发展不均衡。为什么不均衡呢? 因为敌强我弱。敌人强大这一事实本身造成了这种不均衡,这让他们无法夺去根据地。敌人的强大和我方的弱小是一对矛盾关系,这却正是己方获得胜利的根本要素。

竹内认为,在这种"使价值颠倒成为可能的情况"以及"再生产革命的情况"下,共产党的"党和军队的组织、战略战术论、土地革命的操作办法、独特的自我教育方式——整风运动"等以"原型"的形式接二连三地诞生了。以战略战术论为例,客观看来弱小的军队绝对战胜不了强大的军队,然而在根据地理论中,"只要将敌方的战斗力转化成己方的战斗力就能颠倒力量对比关系,因此是可以取胜的"。其方法就是灵活运用游击战和歼灭战,"先用游击战分散敌人的军力,然后在某一点上形成优于敌方的抗衡力再使出歼灭战"。而且为了将敌人的战斗力化为己有,就要避免遭遇战等击败敌人的战斗,而是要获取更大的胜利,"将敌方的人、武器、粮食全部夺走"①。众所周知,这一战略方法在以后抗日战争期间的《论持久战》(1938 年)中得到了进一步的发扬,并给八路军带来了多次胜利。

在根据地展开的一项重要运动就是土地革命。它是个"无偿没收地主土地、平均分配给直接的耕作者农民的政策",过去太平天国和孙文也注意到这个问题但没有付诸实施。这是形成根据地的基础,是保障其持续性发展所不可或缺的条件。

> 这是中共战斗力的根本,他们通过不断解放土地而无限扩大了根据地的范围。因为在中国,农民对土地的占有欲极其强烈,一旦获得了自己的土地,农民的生产积极性就会自然高涨,并随之生出自卫能力。通过清除农村的各种封建性关系就能获得无穷的革命能量,这一认识是与中国的现实相贴合的非凡高见。②

在根据地与土地革命相并列的另一项运动就是面向红军及当地农民的政治教育和思想教育。一般认为,这项政策是为了让由工人、农民及无业游民(Lumpenproletariat)聚集而成的红军士兵具有"阶级觉悟",让他们记住"为了自己、为了工农阶级而战"(毛泽东,《井冈山的斗争》,1928 年 11 月)这一更高的政治出发点。然而,竹内却从中发现了更加根源性的意义。那就是贯穿于日后毛泽东思想的"自我改造"(= "人的改造")的原型。

> 当时他一面抗拒着极左和极右的倾向,同时默默地织入了努力建设根据地的经验。他深切感受到,人在不过低评价敌人的情况下还保持着不败的信念、即当一个真正的革命家是件多么困难的事情。自信者是不可能害怕批判的,是不可能伪饰自我的,因为敌人的战斗力常能化为己有。执着于自我的人会害怕批判、会伪饰自我。执着于自我的人是没有根据地的人,也就是没有真正自我的人。人之所以会执着是因为害怕失去。因为他只会片面地而不是从相对均衡的角度来看待双方的力量。因为他执着于自我、认为那是固定不变的,并利用扩大领地那样单方面的作用力来主张自我。因为他认为要失去的绝对留不住,而不懂得能够失去就是真正的独立。当失去一切时,他也得到了一切。也就是说,他抓住了力的辩证法这一根本原理。在这种经验的基础上,

---

① 《中国近代革命的发展与日中关系》。
② 《中国的人民革命》(「中国の人民革命」),收于《现代史讲座》第 4 卷,东京:创文社,1953 年。

他将自我改造当做革命家必不可少的前提来追求着。①

竹内认为,根据地的法则"适用于一切人类活动,无论是个人还是集体"。这就是说,即便是个人,假如他内心不具备辩证性的"根据地"就无法成为革命的承担者。根据地始于权力的争夺,不过承担革命的个人必须转换价值,那就是自我改造。他具体解释道,"自我改造的根本在于舍弃自我主张。那是获得真正自我的方式。是学生就脱掉校服,这样才能成为真正的学生;是知识分子就抛弃知识分子的特权,这样才能成为真正的知识分子"。

接着,竹内抱着这一用根据地证实的"原型",试图去理解之后毛泽东亲手发动的一系列思想改造运动。例如1941—1942年,毛泽东在延安发起整顿党风、学风、文风三风的运动,对"党内活动中的宗派主义、学习中的主观主义、表现中的形式主义"展开了批判。对此,竹内作了如下的解说。

> 由于1942年左右大量不同背景的人加入共产党,党的纪律松弛,为了克服这一问题以强化党的力量因而有了这场运动。强化党的力量并不仅是增加党员的数目,而是自己要做人民的楷模。党员不是谁都能当的,如果某人在工作岗位上辛勤工作且乐于助人,人们就会说他可能是党员。这就是说党员具有模范的意思。可是这一点在战争期间有所松动,所以才有了整顿三风的运动。内容包括自我态度、说话方式、写作方式(写要写的让人明白、说要说得让人信服)等态度方面的事情,因此这次运动并不是强制性的,不过渐渐地党外人士也开始效仿了。这次运动的扩大版就是战后的思想改造运动。②

此处所说的战后的思想改造运动应该主要是指,以1951年12月发生在共产党和国家机关内部的"三反"运动(反贪污、反浪费、反官僚主义)为主的一系列思想政治运动。对此,竹内评价道,"总之一句话,尽管新的社会机构建立起来了,然而人的本质内容并非一夕之间就可改变的","于是要靠人的主体性努力来促进社会进步,要培养适应新社会的人。既然靠自己努力培养,这就有了人的改造或思想改造运动。而且这次运动不只涉及知识分子,规模扩大到了全国人民的范围",像这样;他打算追溯到延安整风运动、甚至井冈山时代的思想教育运动,以此来寻找它的意义。

---

① 《评传 毛泽东》。
② 《新中国的创造者》(「新中国を生み出したもの」),收于《教师への課題——第八回民主教育夏季大学講演集》,教育タイムス社,1953年。

三、竹内中国观的辐射范围

在上文中,我顺着竹内好本人的言论详细介绍了他对孙文、鲁迅以及毛泽东的认识。之所以这么做其实并无他意,无非是因为他的确从思想史上正确把握了近代中国革命的本质及其历程,而且这种把握对当时甚至以后的知识分子影响巨大。他的鲁迅论就不必说了,就是其毛泽东论、至少新中国成立之前的部分也构成了一座理论上的金字塔。

司马辽太郎曾经访问过延安,他在参观了毛泽东居住过的"窑洞"以后发表了一段感想。

> 毛泽东通过中文翻译知道了马克思列宁主义,他在思考其本质时恐怕并没有斟酌过西方社会基础等因素。比起那些,他反而一头扎进自己所属的中国社会的无数现实和历史的具体实例中,从中思索和寻找它的思想本质。虽然他相信马克思主义是普遍性真理,但是对于西方历史及现实这些产生马克思主义的基础,他既没亲眼见过也不属于它们,他对它们置之不理,丝毫不装作自己有所了解的样子。毛泽东的基本态度是,只有有了该民族社会的特殊性的支撑,所谓的普遍性才能影响到现实社会——才能成为革命思想。[①]

此外,司马对毛泽东的评价非常高,"人物评价不过百年难有定论。毛泽东也不例外,不过有两点无疑是不变的,一是毛泽东思想是从民族社会特殊性出发的独创性思想;二是毛泽东是中国历史上第一个让八亿人民日食三餐的人物"。虽然我们无法证实两者之间有直接影响关系,但恐怕谁都不能否认,这一认识与竹内对毛泽东的理解是一脉相连的。

毋庸赘言,像司马这样的例子还有许多。例如时代更早一些的桑原武夫,他曾作为日本学术会议代表团的成员于1955年初夏用50天的时间考察了苏联和中国,他惊异于两国、尤其是新中国的急剧变化,他如此谈到。

> 新中国最打动我们的一点是它的道德性,也许可称之为社会主义道德国家。我经常想起战争期间日本哲学家倡导的"道德能量"一词。也许我们可以讽刺性的说,苏联人吃冰淇淋时、中国人用冰棍凑合,这也表现出中国用道德来弥补生产力低下的情形。然而事实不仅如此,它可能还与传统思想有关。这就留待研究中国的专家来考证了,不过

---

① 《延安杂感》(「延安雑感」),载《人類の知的遺産》第76卷月报第6期,东京:讲谈社,1978年9月。

无论如何这都是非常了不起的一点。①

从现在中国的"现实"来看,这也许是骤然间令人无法置信的评价,尽管有着各种时代背景,但它无疑是曾经实现过的"事实",决不是备受批评的一种"假象"。

此外,还有稍稍晚于桑原的龟井胜一郎,他在 1960 年 5 月作为日本文学代表团的一员访问过中国,他在谈到对中国的印象时也就毛泽东发表了基本一致的看法。

> ……苏联和中国对有些人而言是"天堂",对有些人而言是"地狱"。可是全世界哪里都不可能存在"完美的理想国",其中必然有矛盾,也有与矛盾的斗争。中国国内及党内大约也不例外。我的理解是,其中既没有业已"成功"的自我满足,也没有"失败"带来的自暴自弃,贯彻"矛盾论"始终的是在矛盾中战斗至死的彻底觉悟。

> 稍微想想就会发现这是理所当然的事情。我在读《毛泽东选集》时也感觉到了,他给我留下的印象是,这个人始终不脱离中国这个国家、在一切困难的条件下既不张扬也不畏缩,一步步扎实完成理所应当的事情。虽然他受到马克思列宁主义的引导,但我却感受到了他身上强烈的本土性,以至于让人觉得即使没有马列主义他也能成就中国革命。②

众所周知,无论是桑原、龟井还是司马,他们都完全不是向中国一边倒的所谓"中国迷"(「中国屋さん」,中岛健藏语)。相反,这几位还想与那种状态保持距离。他们之所以对新中国、尤其是毛泽东有着一致的评价,可能一方面是因为中国的新面貌打动了他们,另一方面还是因为竹内等人的中国革命观(自发性、本土性等)在战后长期发挥着巨大的影响力。

不过,我之所以长篇累牍地介绍了竹内对鲁迅、尤其对毛泽东的认识,其实还有着另一个理由。因为在如何把握和评价新中国成立以后的"革命"方向、尤其是"文化大革命"和改革开放的问题上,他的认识中有许多富有启发性的地方。就"文化大革命"而言,中国国内已经将之定性为"内乱"进行了全面否定,1981 年 6 月召开的中国共产党第十一届中央委员会第六次全体会议做出决议,"文化大革命"是由毛泽东错误发动、受到四人帮利用、并给国家和人民带来重大灾难的"内乱"。而在日本,早在"文革"期间就已曝

---

① 《苏联中国之旅》(『ソ连·中国の旅』),岩波写真文库 159,东京:岩波书店,1955 年。
② 《中国之旅》(『中国の旅』),东京:讲谈社,1962 年。

光了种种以迫害知识分子为主的残暴事件,对"文革"的评价也唯有全面否定而已。然而,就像一切历史现象一样,它并非某天突然出现的,其形成必定有着历史连续性和必然性,如果任意割断它与之前历史的联系,那这绝对不是多产性的历史传承方式,更别说能导出"被害者"想要的全面否定的定论了。我想,这对"文革"本身来说是如此,而受其影响的 60 年代中后期的日本学生运动也不例外。所幸,最近开始出现了重新考证那一系列的历史、从中抽取某种多产性成果的动向,虽然那是极少数的例子。

例如,丸川哲史在其著作《鲁迅和毛泽东——中国革命与近代性》[①]中明确说道,他打算一面介绍中国思想界对毛泽东和共产党进行客观重新评价的动向,一面试图在竹内描绘的中日"近代化过程之差异"的基础上、阐明由鲁迅和毛泽东体现出来的"中国特有的近代结构"。而在核心部分的毛泽东评价方面,他强调了毛泽东这一人物具有的历史意义,说他是继鲁迅以后解开中国近代"结构"之谜的钥匙。丸川如此说道,"把他当做一般意义上的政治领导人来评价的人,恐怕脑海里经常出现的是新中国成立以后将大量知识分子卷入其中的那次思想镇压吧。然而,无法不超出西方阵营一般理解的事实是,毛泽东自己也是思想家、也是生产思想语言的人,这和俄罗斯的列宁是相通的。当然,作为前提我们知道毛发动了镇压知识分子的运动,那这件事和毛本人的思想究竟是什么关系呢? 如果有关的话,那就不是一张简单的政治(政治家)和思想(知识分子)的对立结构图所能解释的了,我们应该有必要去了解复杂的历史经过。这就是说,以往的思维方式是把'思想·言论自由(的有无)'作为唯一的王牌来裁定一切,而我们应该利用思想作为在历史中的定位程序来重新探讨这种思维方式,我们需要这么做"。也许他本人也承认,这种主张可以说是对沟口雄三提倡"作为方法的中国"的新发展。当然,丸川提出的这个问题无论是对日本还是对中国都是一个巨大的精神及思想上的课题,想必今后会有人不断去探讨甚至解决这一课题。今天距辛亥革命 100 多年、距共产党建国 60 多年、距改革开放 30 多年,而对于中国近现代进程的真正的相对化 = 学术化才刚刚站在了起跑线上。

刘丽娇　译

---

① 《鲁迅与毛泽东——中国革命与现代性》(『魯迅と毛沢東——中国革命とモダニティ』),东京:以文社,2010 年。

尾崎秀实的中国研究和中国认识

——兼论大正·昭和前期日本人的中国认识

徐静波（复旦大学日本研究中心）

提及尾崎秀实（1901—1944），人们往往会联想到佐尔格间谍案。但这不是他形象的全部，甚至不是他的主要面。其实，他更值得人们记取的，或者说他一生中更有价值的，是他的中国研究。他生前出版了《处于暴风雨中的支那——转换期支那的外交、政治、经济》（1937 年），《从国际关系中看到的支那》（1937 年），《现代支那批判》（1938 年），《现代支那论》（1939 年），《最近日支关系史》（1940 年），《支那社会经济论》①（1940 年）等 6 本专著和无数的论文。在二战结束前日本的中国研究中，他的研究方法和研究视角可谓独树一帜，更由于他共产主义的内质和近卫内阁参议、满铁调查部特约研究员②的公开身份，加之战争时期日本国内严厉的舆论管制，使得他有关中国的论述往往显得云遮雾罩，真伪难辨。但当年他之所以能负有中国问题评论家的声誉，并受到了日本朝野的广泛注目，自有他内在的缘由。本文试图从如下三个方面入手，对尾崎的中国研究进行评述，并进而探讨昭和初期日本人的中国认识及其对对华决策的影响。

---

① 鉴于战前日本对中国的实际称谓，本书在引用和翻译原文中的"支那""中华""中国"等汉字表述时，一仍其旧，以保持历史原貌。另，本书所引用的日文文献，除特别注明者外，均为笔者译自原文。

② "参议"和"特约研究员"的日文原文为"嘱託"，该词的语意有些宽泛，可包含临时员工到非编制内的特约研究人员和顾问等，本文依据实际情况分别翻译如上。

一、尾崎秀实中国研究的缘起

尾崎于 1901 年 4 月 29 日出生于东京市。他日后之所以对中国问题抱有强烈的关切,应该与三个因素有关。一是他自幼自父亲以及学校教育中那里获得的中国文史学养;二是他在台湾度过的青少年时代;三是他在大学期间开始关注社会政治问题,并进而为如火如荼的中国革命运动所吸引,通过对马克思主义著作的阅读逐渐建立起了辩证唯物论的观念和共产主义的信仰。

尾崎父亲秀太郎曾是当年日本著名汉学家依田学海的入门弟子,有深湛的汉学修养。尾崎出生的那年 10 月,父亲受当时在殖民地台湾担任总督府民政长官的后藤新平(1857—1929)的邀约担任《台湾日日新报》的记者,并接任了汉文部的主笔,不久尾崎也随母亲迁徙至台湾。尾崎回忆说:"父亲在晚上小酌(会喝上很长时间)的时候,总是会兴致勃勃地给我们讲中国的历史故事,像汉楚之争的历史我们很爱听。"①此外,明治末期和大正前期,日本的学校教育中汉诗文的内容也占有一定的篇幅,尾崎曾在狱中家信中默记了一段中学时所学的《长恨歌》②。他在狱中告诫自己的女儿说:"汉文是我们家的学艺。但是真正要理解(古代)汉文,还非得学(现代)汉语不可。像诗和词的美丽,如果不懂得音韵,毕竟还是难以体会的。中文很讲究音韵。如果只是采用日本式的'返读'法,即便能大致了解它的意思,但不可能懂得其中的韵味。"③由此可知,由于家学和学校教育两个因素,他在青少年时代应该已有了比较良好的中国文史学养。

尾崎在出生后不久直到 1919 年台北中学毕业,在台湾总共生活了 18 年。在日本本土之外的海外度过完整的少年时代,这在日本的中国研究家中是极为鲜见的,虽然学制和教学内容与本土大致无异,而生活的环境毕竟是中国人(主要为汉族)集聚的台湾,班里也有相当的台湾本地学生。在台湾度过的少年期,有一个经历对他刺激比较深刻,也酿成了他日后人生进路的一个重要因素。这就是因国家的权力而造成的民族间的不平等。他在被捕入狱后上呈给司法机关的《申述书》中有如下的文字:"在我整个少年期只有一点与一般(日本)人相异的经历。由于台湾的地理政治特点,我经常会

---

① 尾崎秀实:《爱情如从天而降的星星》(『愛情は降る星のごとく』)下卷,东京:青木书店,1998 年,第 133 页。
② 同上书,第 149 页。
③ 同上书,第 126—127 页。

接触到台湾人(支那血统的人),既有孩童之间的吵架,也有在日常生活中以具体的形态表现出来而让我直接感受到的统治者与被统治者之间的各种关系。这是一直以来唤起我对民族问题异常关切的起因,似乎也成了我对支那问题理解的一个契机。"①

尾崎还叙述了这样一件事。某日在报馆任职的父亲乘坐台湾车夫拉的洋车自外归来,在付了车费后,车夫依然跟了上来,咕咕哝哝地恳望再加几个钱,其父亲就一言不语地挥舞起手杖将车夫赶走,少年的尾崎在一旁看不下去,就与父亲顶撞了起来。父亲在尾崎的眼中,一直是位"温厚的君子",对待本地人尚且如此,其他可想而知。后来尾崎说:"旧时代在殖民地的日本人大都比较飞扬跋扈。对待台湾人相当的趾高气扬。我从孩童的同情心和人道主义出发,对这些现象觉得很反感。"②这些经历都在少年尾崎的脑海中留下了深刻的印象。

1917 年,尾崎参加了中学组织的中国旅行,到香港和广东等地走了一圈,那年他 16 岁。他高等学校以来的同窗、他生平关系最为密切的知己和同志松本慎一在评价他在台湾度过的岁月对其人生的意义时说:"他自幼年时代起就对中国民族抱有特别的感情。在台湾他是在汉族之间度过青年时代的。在一衣带水的对岸,横亘着正在发生革命的中国。在中学的修学旅行时,他前往支那大陆,也走访了香港。作为汉学家的他的父亲,对少年尾崎叙说了很多中国民族的伟大。他日后成为出名的中国问题评论家的基本素养,就是在这样的环境中培育起来的。"③

1919 年 3 月,尾崎自台北中学毕业,9 月考入了位于东京的第一高等学校文科乙类(以德语为主的外国语专业),1922 毕业后他进入东京帝国大学法学部德国法学科学习,翌年 4 月转入政治学科。据尾崎自述,1923 年"对我而言是人生发生了重大转机的一年"④。这年的夏天,成立不久的日本共产党遭到了第一次大逮捕,一批早稻田出身的日共活动家被捕入狱,而其时尾崎正好居住在早稻田附近的户塚町,"印象尤为深刻。"不久发生了关东大地震,随着发生了迫害朝鲜人的事件,尾崎亲身经历,"使我痛切感受到了民族问题的严重性及与政治之间的复杂关联。"这时又发生了社会主义者大杉

① 尾崎秀实:《上申书》(「上申書」)(一),《尾崎秀实著作集》(『尾崎秀実著作集』)第四卷,东京:劲草书房,1978 年,第 293 页。

② 同上书,第 293—294 页。

③ 松本慎一:《关于尾崎秀实》(「尾崎秀実について」),收录于《爱情如从天而降的星星》下卷,第 253 页。松本此文写于 1946 年 5 月 13 日,文中"中国"和"支那"并用,译文照旧。

④ 尾崎秀实:《上申书》(一),《尾崎秀实著作集》第四卷,第 294 页。

荣父子惨遭杀害的事件,尾崎自己亲眼目睹了邻家的农民运动社在夜半突遭军警袭击、全家被强行带走的情景,"以这一年为转机,我开始了对社会问题的认真研究。"①

经友人山崎谦的介绍,他读到了德文版的《共产党宣言》和其他左翼文献。1925 年大学毕业后留在了研究生院,攻读劳动法专业,同时参加了大学内布哈林《历史唯物论》的研究会,又阅读了马克思的《资本论》、列宁的《国家与革命》和《帝国主义论》。入狱以后他在回答检察官的讯问时说:"我的思想从人道主义转到了共产主义上来,大正十四年(1925)的时候起,我开始信奉共产主义。"②

1926 年 5 月他考入了《东京朝日新闻》,开始在社会部,后转入学艺部,1927 年 10 月底又转入他所期望的《大阪朝日新闻》的支那部。这一时期,尾崎读到了法兰克福学派的德国社会学家魏特夫(K. A. Wittfogel)的近著《正在觉醒的中国》,这部叙述和分析中国社会问题的著作正式激起了他对中国问题的强烈关注,自己的兴趣点也逐渐转到了革命运动风起云涌的邻国——中国上来了。他试图从与中国的关联中来把握日本的命运。这也是他转入支那部的主要动因。他参加了设在大原社会问题研究所内的"中国革命研究会",相关的同仁每月相聚一两次,探讨中国革命问题,并将探讨的成果汇聚为《支那革命与世界的明天》一书出版。

1928 年 11 月底,他终于获得了被报社派往上海担任特派记者的机会。他后来在狱中撰写的《申述书》中这样写道:"我在这一年(1928)的 11 月底,被朝日新闻派往我多年来所向往的中国担任特派记者,我满怀着激情踏上了前往上海的航程。支那问题对我而言,自我在台湾成长以来就一直与我紧紧连接,无法切断。尤其是 1925 年以来的所谓大革命时代,重大的事件接连发生,激起了我浓厚的兴趣。从左翼的视角来把握支那问题,这一点深深地吸引了我。对我而言,不是对马克思主义的研究激起了我对支那问题的兴趣,而是相反,是支那问题的现实展开加深了我对马克思主义理论的关注。"③

确实,此时的尾崎对中国革命运动已经萌发了强烈的关切。在隔海相望的邻邦中国,革命的风云几乎一直没有停息。1926 年 7 月,背后有苏俄的

---

① 尾崎秀实:《上申书》(一),《尾崎秀实著作集》第四卷,第 294—295 页。
② 《现代史资料·佐尔格事件》(『現代史資料·ゾルゲ事件』),东京:みすず书房,1962 年,第 67 页。
③ 尾崎秀实:《上申书》(一),《尾崎秀实著作集》第四卷,第 296 页。

推动以及共产党参与的轰轰烈烈的北伐由南向北推进,当初的矛头所指是代表旧势力的旧军阀和帝国主义列强,在此过程中国共两党的政治诉求发生了激烈冲突。尔后蒋介石等悍然发动清党,强力剔除左翼力量,在南京建立新政府,不久武汉也与共产党决裂。几近绝路的共产党揭竿而起,在江西等地建立武装根据地的同时,依旧在上海等地开展各种形式的革命运动。中国成了一个风起云涌而又波诡云谲的政治大舞台,而上海,则是各种思潮和力量互相交织、冲突、较量的大漩涡。试图在民族运动中寻求东亚新路的尾崎,这样的中国和上海,正是"多年来所向往的"。

而事实上,上海确实是他考察中国的绝好的政治舞台。他通过自学和请人教授,对中文达到了阅读自如的水平,阅读当地的各种报纸,成了他每天上午的功课。他通过陶晶孙和内山书店等的媒介,与上海的左翼文化运动和中共地下党人发生了密切的关系,并实际参与了相关的活动,以笔名在左联刊物上发表了多篇文章。经史沫特莱的介绍,他又认识了由苏联派至上海的佐尔格,成了红色谍报活动的一员。在上海的三年多生涯中,"我以上海为中心足迹踏遍了中国的南北中各个地方……在中国各地我有许多日本和中国的朋友。"①这三年多在上海的体验和考察,奠定了他观察和研究中国的基本视点,日后他在狱中回顾说:

"与在上海的时期相关联,在我后来的思想立场上产生了这样几个特征。第一,支那正处于半封建的地位,因此对于民族解放乃至民族问题一般都持有强烈的关切;第二,我对在支那处于统治地位的英国从各个角度进行了现实的观察,认识到这才是支那、不仅是支那还是全世界被压迫民族最大的公敌。"②

野村浩一教授这样评价这三年多上海生涯的意义:"在设定这样的问题时,作为决定性的原初体验而登场的,无疑是三年多的上海生活。……在这一时期,他几乎投入了全部的身心来参与到'支那的民族运动'中去。在为林守仁即山上正义所译的《国际无产阶级丛书・阿Q正传》所撰写的序文《中国左翼文艺战线的现状》中,可以说喷发出了他郁积在心头的愤懑和悲情。从人生的经历、人生的发展方向这一角度来看,在上海的人生体验,对尾崎而言,只能说是命运性的邂逅了。在这里,人生中的偶然和必然微妙地交错叠合在了一起。但是,我觉得,就尾崎而言,他从上海体验中所获得的基于感性的认识,不仅在此之后也一贯地持续了下去,而且还将其设定为他

---

① 尾崎秀实:《爱情如从天而降的星星》下卷,第158页。
② 尾崎秀实:《上申书》(一),《尾崎秀实著作集》第四卷,第296页。

预测中国动向的时候以及在思考日本今后的命运时候的一个基本出发点。他的上海体验，当然是他所固有的。而且，动员了理性和感性的、尾崎在上海建立起来的中国认识，也更加是他所固有的了。不过，他通过了这样的认识，确实是窥见到了'现代支那的真面目'，或者再进一步而言，还窥见到了二十世纪亚洲本身的秘密吧。"①

二、尾崎秀实中国研究的方法和视角

1932 年 2 月他被报社召回日本，开始在报上陆续发表有关中国的评论。这一时期他写的评论主要是中国红军和苏区的动向分析，诸如《支那共产军的问题》、《共产军的西南移动和今后的支那政局》等，逐渐以中国问题专家为人们所熟识，并积极参与 1934 年成立的东亚问题调查会的活动。1936 年 8 月作为日方代表去美国参加了太平洋问题调查会的年会。1936 年 12 月，西安事变爆发，尾崎根据他对中国国情及国共两党错综复杂关系的了解，立即撰写了一篇《张学良政变的意义》，发表在翌年 1 月号的甚有影响的《中央公论》上，以其分析的鞭辟入里和对事变结果预测的准确性，奠定了他中国问题研究家的权威地位，并因此在具有近卫文麿智库性质的"昭和研究会"内的"支那问题研究部会"中担任负责人，日后又被聘为近卫内阁的参议，成了该内阁的中国问题顾问。第一次近卫内阁下台后，他从 1939 年 6 月被满洲铁道株式会社调查部聘为特约研究员，供职于东京支社的调查室。在此期间，他多次去中国的东北、华北以及华南等地作考察旅行，陆续出版了前文所述的六部有关中国的研究著作，此前翻译出版了史沫特莱的自传体作品《大地的女儿》和《中国的命运》，发表了上百篇有关中国的评论，成了"九一八"事变以后日本最著名的中国问题研究家之一。1941 年 10 月因佐尔格间谍案被捕入狱，1944 年 11 月被处以绞刑。

近代日本的中国研究(本文不包含偏重文史的学术研究)，可以追溯到 1862 年随"千岁丸"来上海航行的高杉晋作等一批随员的札记，此后陆续有日本人登陆中国，留下了一批旅行记和日志。1883 年问世的《支那总说》(金子东山著)也许是最早的一部论述中国的综合性著作，其后的《禹域通纂》(井上陈政著，1888 年出版)和《清国通商综览》(上海日清贸易研究所编纂，1892 年出版)都堪称明治中期问世的卷帙浩繁的综合性大著，但其内容

---

① 野村浩一:《近代日本的中国认识——驶向亚洲的航线》(『近代日本の中国認識——アジアへの航跡』)，东京:研文出版，1981 年，第 187—188 页。

多为历史与现状的介绍,信息量丰富而分析研究不足。由参谋本部派往中国做调查的荒尾精(1859—1896)回国后所撰写的《复命书》、《对清意见》等包含了比较中肯的时局分析,但更多的具有建言的色彩。1914 年付梓的内藤湖南(1866—1934)的《支那论》(1924 年刊行的《新支那论》可视为其续篇)是出自学者和研究家之笔的大正时期的中国研究代表作,稍后的 1916 年问世的山路爱山(1864—1917)的《支那论》(在更早的 1907 年他已出版了《支那思想史·日汉文明异同论》)在当时也颇有影响,同一年由教育学术研究会编集出版的论文集《支那研究》汇聚了当时日本最顶尖的中国研究家的成果。值得注意的是,1916 年完稿的北一辉(1883—1937)的《支那革命外史》是一部关注近代中国革命党活动的视角独特的著作。总之,自明治时代起,出于日本本身的利益,对中国的关注度日益升温,至大正后期,对于现代中国的研究已经蔚然成风,长期呆在中国东北的橘朴(1881—1945)可谓是这一时期中国研究界的重镇。

但是,尾崎以其自己在以上海为中心的三年多的实际经历(后来又多次来中国进行较为长期的实地考察)所获得的感知以及他在一定程度上所掌握的现代科学研究方法(包括马克思主义的基本原理),他对日本既存的绝大部分的中国研究是颇为不满的:"在日本并不是不存在支那研究。不如说更令人担忧的是所谓的支那通太过泛滥。也许是由于支那的庞大和卑近以及它的复杂性和研究着眼点的困难性,较少能够唤起一般人的真率的研究兴趣,而只是成了特殊的一部分研究家的研究对象。于是这些少数的研究家就按照各自的想法和角度分别进入到支那这一巨体之中,得出了各自不同的结论。其结果一方面显示了一般人对支那惊人的无知和冷漠,另一方面也造成了各不相同的支那观和有关支那的断片性知识的无数的堆积。这些支那观总体上可称之为'东洋式'的史观。而且这些东洋史观成了今天日本指导大陆政策的重要的原动力的一部分。现在成为问题的正是支那研究中科学方法的缺位,支那论中方法论的缺乏。"①

他认为,日本既往的中国研究太注重过去的历史,太凭借昔日的文献,"关于支那古典的汉文,日本人自少年时代以来就有了非常深切的接触,但是通过这些汉文我们所想象和描述的支那社会,跟现代的支那社会之间横亘着巨大的隔阂,差不多可说没有任何的关联。……可以说长期以来人们

---

① 尾崎秀实:《暴风雨中的中国·自序》(『嵐に立つ支那·自序』),《尾崎秀实著作集》第一卷,第 3 页。

忽视了在古典支那社会和现代支那社会之间架起连接的桥梁这一重要的努力"①他自己决心要改变这一现状,着重从政治结构和经济关系的视角来探讨今日的中国,他表示:"笔者在过去的数十年来一直专心于支那问题,对我国原本的支那研究的方法心存疑问,自己对近年来支那的现实采取了客观的、并且尽可能是科学的研究方法。"②

与既往的日本中国研究家最大的一个差别是,尾崎认识到了近代以来的中国社会所包含的"半殖民地性"和"半封建性"这两个基本特质,基于这样的视角,他敏锐地察觉或捕捉到了"支那的民族解放运动的新浪潮正在迅速地高涨"这一几乎为所有的日本中国研究家所忽略的具有根本意义的现象,"这一情势应该激发起这一时代的我们对于支那的异常的关切和兴趣。而且我们都感觉到作为把握和理解支那的尺度,陈旧的支那研究方法几乎已经不起作用了。这是我此后在支那逗留的数年中亲身观察体验了支那的现实之后所越发痛切体会到的。"要运用这样的新的科学方法和新的视角来考察和研究现实中国,尾崎自己也意识到是一个颇为严峻的挑战,"当然要完全把握这样新的尺度和科学的研究方法,并不是一件容易的事。并不是才疏学浅的笔者所能企及的。但促使我竭力避免陷入观念性的公式化的理论的窠臼,为切实把握支那真正的面目而不断做出努力的,是源自我这样的信念,即支那的民众初看起来似乎是在盲目地苟苟营生,但实际上他们却以惊人的毅力扎根在这片土地上顽强地生存着,我的目光绝不会离开他们。"③

关于这一边科学方法的基本内涵,尾崎自己并未做出概括性的说明,不过我们仍然可以从的他的一些表述中来理解他研究方法的若干基本要点:"日支关系的根本的理解,必须将其重点放在对其经济、社会诸关系的阐明上。""我们在弄清日支关系的时候,也必须排除观念性的方法,而运用与经济、社会相关的具体的方法。"④"从触及社会的本质上来理解现代支那……对支那社会作出整体上的综合性的把握。"⑤他在对既往的中国研究只停留于对浮出的冰山的观察提出了严厉的批评之后表示:"以笔者之见,把握与支那利害相关的复杂的国际关系,洞察支那民族运动的动向,是探究横亘在

---

① 尾崎秀实:《现代中国论·绪言》(『現代支那論·緒言』),东京:岩波书店,1939年,第3页。
② 尾崎秀实:《现代中国批判·自序》(『現代支那批判·自序』),《尾崎秀实著作集》第二卷,第1页。
③ 尾崎秀实:《暴风雨中的中国·自序》,《尾崎秀实著作集》第一卷,第3—4页。
④ 尾崎秀实:《暴风雨中的中国·近阶段的日中关系》(『嵐に立つ支那·最近の段階に於ける日支関系』),《尾崎秀实著作集》第一卷,第62页。
⑤ 尾崎秀实:《现代中国论·绪言》,第5页。

这表面之下的两个重大问题的方法。"①

他的传记作者、也是他胞弟的尾崎秀树在评论他的中国研究时说："尾崎秀实的中国认识的特色在于科学性、综合性的同时,也是动态性的。……尾崎在对中国的历史和社会的各种状况进行客观把握的同时,还结合国际政局的动向将其真相凸显出来,论说了其与日本的关联,这是贯穿于尾崎中国研究始终的视角。"②这段话概括地揭示了尾崎中国研究的特性。

三、尾崎秀实对近代中国社会以及日中关系的基本认识

依据上述的研究方法并根据他自己的研究视角,尾崎认为,要研究和理解今日的中国,首先要抓住现代中国社会的特质,这一特质可以"归结为支那社会的所谓半封建性事实与半殖民地性事实"这两个基本特性上③,"封建的性质极大地残留在支那的社会中,而且在现代支那社会中仍然起着相当大的作用……在尚未达到现代资本主义社会之前的社会中所遗留的各种各样的性质,都可概括在半封建性这一词语中。"④"而半殖民地性这一词语……则意味着列国的殖民地性质的影响力在支那社会中已经占有了相当大的比率。……在同时提到半殖民地性和半封建性的时候必须注意的一点是,这两个性质未必是完全均衡地存在着的,比如说,有的时候是封建的性质占支配地位的,有的时候是半殖民地性显得更为突出,此外,这两个特征是处于一种相互助长的关系之中。"⑤

当然,对 20 世纪以来中国社会性质的这一判断,并非尾崎的首创,在1920 年 7 月共产国际第二次大会上列宁有关民族和殖民地问题的报告中出现了相关的论述,不过表达并非很明确,以后通过共产国际二大的文件和对中共的指示中,逐渐将这些观念传递到了中共甚至开始与中共联手的国民党领导层中,但这些观念在苏联的领导层其实也未得到彻底的厘清,以致后来导致了斯大林和托洛茨基在这一问题上的论争,直至 1928 年 2 月通过的《共产国际关于中国革命的决议案》,才大致明确了中国社会的基本性质是半殖民地和半封建,但依然带有一定的偏颇性。与此同时,在中共领导层和中国的政治经济学界,也开展了中国社会性质的讨论,较早规定中国社会为

① 尾崎秀实:《从国际关系看中国·自序》(『国際関係から見た支那·自序』),《尾崎秀实著作集》第一卷,第 159 页。

② 尾崎秀树:《尾崎秀实和中国》(「尾崎秀実と中国」),《尾崎秀实著作集》第三卷,第 385 页。

③ 尾崎秀实:《现代中国论》,第 7—8 页。

④ 同上书,第 8 页。

⑤ 同上书,第 10—11 页。

半殖民地性与半封建性的,是王学文等。1938 年前后毛泽东在《中国革命和中国共产党》等一系列的论述中,非常明确地规定了中国社会的半殖民地和半封建性质,由此统一了中共对于中国社会性质的认识①。

尾崎的上述有关中国社会性质的认识有可能是出自他自己的研究结果,但也有可能受到中共早期理论家的影响。在上海期间,尾崎曾与中共党员王学文(1895—1985)有过较为深入的交往。王早年曾在日本留学 15 年,毕业于京都帝国大学经济学部,是将《资本论》译成日文的京大教授河上肇的弟子,1928 年回国后在上海加入左联,并担任在上海发起成立的社会科学研究会的党团书记,抗战时期在延安担任中共中央马列学院副院长。王具有深厚的马克思主义经济学理论修养,可谓是在中国思想界最早提出当前中国社会的性质是半殖民地半封建社会这一论述的理论家之一。当时在上海东亚同文书院内成立了一个具有左翼倾向的"中国问题研究会",王学文是主要的理论指导员,尾崎也曾被邀请去进行指导和讨论,尾崎似乎也曾受王学文的邀请去中共江苏省委参加关于中国社会性质的讨论②。此外,同一时期在上海《新思潮》杂志上展开的对于中国社会性质的讨论(王学文等是主要的讨论者)应该也会引起尾崎的极大关注,尾崎对中国社会性质的思考,很可能起始于这一时期。后来他沉心于中国社会问题的研究,阅读了大量中文、英文、德文和日文的文献,尤其是各种经济统计,又实地踏访了中国许多地方,经过自己的思考,最后确定了这样的认识。几乎可以断定,在尾崎之前,应该还没有一个日本研究者如此明确地指出现代中国是一个半封建半殖民地的社会。

所谓半封建半殖民地,按笔者现在的理解,就是中国自前近代的农业社会向近现代的工商业社会转移的非常时期。半封建,就是中国仍然非常沉重地背负着数千年来的历史因袭,即以小农经济为主体的经济形态、以宗法血缘制为基体的伦理道德规范、以大一统的皇权为主要形式的政治制度依然在相当程度上支配着整个中国,尽管它正在渐趋瓦解,而鸦片战争之后的西方近代资本主义则以前所未有的汹涌的势头冲击着中国既有的政治经济甚至是道德伦理的架构,各国列强纷纷在自南向北的东部地区登陆,在通过用武力划定的自己的势力范围内引入近代资本主义的因素,与近代日本不同,这种试图将中国自前近代的农业社会强行转变成近现代工商业社会的主导者,在前期主要是西方人,而他们采用的手段主要是凭借武力的帝国主

---

① 具体请参阅李洪岩《半殖民地半封建理论的来龙去脉》,载 2004 年 3 月 8 日《北京日报》。
② 据尾崎秀树:《上海 1930 年》(『上海 1930 年』),东京:岩波书店,1989 年,第 126—128 页。

义方式,这就在一开始就注定了这种转变主要是外发性的,而且带有强烈的不平等、即殖民地的性质。于是就出现了在西方势力比较强劲的沿海尤其是港口都市地区呈现出一定程度的近现代社会的新面貌,而在广大的乡村地区,前近代的因素依然顽强地占有着优势地位,而且这两种元素是互为交错、互为消长的。到了 20 世纪 20—30 年代,受过现代政治经济学训练的知识人,应该可以洞察到或部分地洞察到中国社会的这一基本特性了。

而在日本的中国研究家中,较早地捕捉到中国社会这两个基本特性的,尾崎秀实是一个主要的代表。尾崎确实是从近代经济学、尤其是马克思主义的经济学原理来把握中国社会性质的。他指出:"支那社会特性的第一点,即支那的半封建性质,更准确地说,是资本主义阶段以前的诸性质最多的体现于农村关系、农村生产关系之中。"①在社会形态上具体还可表现为以宗法制为基体的父权家长制构造,而割据在地方上的军阀就是封建势力的代表。至于其半殖民地的特性,则是由于列强的势力所造成的。

当尾崎将近现代中国社会的性质规定为半殖民地半封建之后,他便指出,整个近现代中国的一个最基本的社会动向,就是民族运动,即中华民族(尾崎的理解主要是汉民族)寻求解放和发展的运动。"这一民族运动,或者可以宽泛地称之为民族的动向,根本上来说可谓是现在支那政治中最深刻、最大的问题。"②他进而指出:"近代支那民族主义运动的源泉有两个。其一来自于支那(汉)民族自明灭亡以来两百多年受异民族满族的统治。另一个则是 1840 年鸦片战争以来欧美资本主义各国的重压。……近代支那的民族主义运动主要与列强对支那的压迫有关。"③尾崎将近代中国的民族运动分为若干阶段。第一阶段自鸦片战争至义和团运动,其基本特点是表现为排外运动的原始的、自然发生的民族解放运动;第二阶段是辛亥革命至五四运动,其特点是启蒙性的民族解放运动,还包含了灭满兴汉的诉求;第三阶段是以五卅事件为中心的反帝的民族解放运动;第四阶段是满洲(九一八)事变后至今,其主线是抗日救国运动④。这样的划分大致勾勒出了近代中国民族运动各个阶段的特性。尾崎认为,日本人对中国的认识偏差,"最重要的一点是未能理解支那民族运动的方向及其执着性。"⑤

---

① 尾崎秀实:《现代中国论》,第 17 页。
② 同上书,第 164 页。
③ 尾崎秀实:《最近日中关系史》(「最近日支関係史」),《尾崎秀实著作集》第三卷,第 118—119页。
④ 尾崎秀实:《现代中国论》,第 180—181 页。
⑤ 尾崎秀实:《理解中国的道路》(「支那理解への道」),《尾崎秀实著作集》第五卷,第 82 页。

对近代以来中国社会的这一发展脉络有如此考察和描述的,在日本人中尾崎差不多是第一人。内藤湖南在 1914 年的《支那论》和 24 年的《新支那论》中也对中国的社会沿革进行了历史的考察,但他始终没有察觉到鸦片战争以后中国社会逐渐出现的巨大的结构转型,几乎也没有注意到在列强压迫之下中国国内所萌生的民族解放运动,他对辛亥革命后创建的共和制表示了极大的怀疑,对五四前后出现的新文化改革运动进行了讽刺和否定,他觉得"排日问题(指以抵制日货为中心的爱国运动——引译者住)并非发自支那国民的爱国心,也不是起于公愤,与袁世凯时期的排日问题一样,完全是煽动的结果"①。北一辉自身虽然在一定程度上参与了同盟会的革命,与宋教仁等相交颇厚,但实际上他并未认识到这是一场民族解放运动的序曲,更未看清中国社会的基本性质,他的基本政治理想,是具有法西斯内涵的国家社会主义。1935 年前后,尾崎能对中国社会做出如此的分析,与他的包含了马克思主义原理的科学研究方法紧密相关。

近代以来所有日本人对中国的研究,其根本的出发点或最终的旨归都是日本本身。尾崎也是如此。在日本的对华战争中占据了绝对的优势、同时却也陷入了深重泥沼的 1939 年底,尾崎撰写了一部《最近日支关系史》,他从 1876 年江华岛条约以后日本和中国在朝鲜半岛上的利益冲突开始(其实至少应该自 1874 年日本出兵台湾开始),一直写到了日本提出东亚新秩序的当代。这一段的历史在当时应该是很敏感的,文字表述也需要格外的当心,但尾崎似乎还拿捏得不错,他小心翼翼地避开了有可能刺激当局或民族主义情绪高涨的日本舆论的字眼,更多的,他只是将事实平铺直叙地展开。

对于甲午战争,他的定义是"日清战争是一种为解决日本的经济力量与阻碍其在半岛发展的、在政治军事上处于优势地位的清国之间的矛盾而不得不进行的一场战争。"②然后他详细罗列了在停战条约的谈判上日本提出的要求和最后的结果,稍微有些良知的人都可以从这些内容中感觉到帝国主义的逻辑。不过,他最后的结论,还是试图与当时日本人的立场保持一致:"日清一战……体现了远东半殖民地国家之一的日本试图通过与其邻国的战争来摆脱这一状态的一种努力的结果。"③这大致上是一种客观的表述,多少也说出了一些日本发动这一战争的内在动因。北一辉则从日本人的立场

---

① 内藤湖南:《新支那论》(『新支那論』),东京:创元社,1938 年,第 225 页。
② 尾崎秀实:《最近日中关系史》,《尾崎秀实著作集》第三卷,第 105 页。
③ 同上。

出发将其性质表述得更为明晰："日清战争是日本在天佑之下免于陷入列强分割处境的一场争夺黄种人诸国盟主霸位的奥普战争。"①1915 年的日本向袁世凯政府提出的对华二十一条，尾崎在书中做了全文载录，虽未作评论，其蛮横霸道的实质也一目了然了。在一战之后的华盛顿会议上，美英诸国逼迫日本收敛其在中国的霸权和在远东地区的军备扩张，对此日本不得不暗吞苦果。尾崎评论说："日本上述的失败，不只是屈服于美国的压力，支那民族运动的高涨也是原因之一，在大战中的过分行为导致的不受欢迎恐怕也是原因之一，而最重要的，应该是战后成为世界潮流的国际协调主义和和平主义的压力所产生的作用。"②这样的见解，差不多是战后才可见诸报端的自由主义或左翼的言论了。

与此形成对比的是，内藤湖南则公开主张"支那的革新、亦即要赋予支那社会组织以新的生命"，必须要求得日本的帮助③，"最易实行的，是具有革新旧组织经验的日本人，根据其经验将支那的经济组织的基础进行重建，"这是"日本人对支那改革的使命"④，因此自甲午战争以来的日本的各种行径，其目的都在于救助中国。这是"支那改造论"的典型言论。

九一八事变后，日本不仅强占了中国的满洲，且步步向南逼近，试图控制中国更多的地盘，尾崎对此委婉地称之为"日本最近大陆政策的异常的推进"⑤，"至少从日本的立场来看，除了解决国内资源的匮乏、市场的狭隘、过剩的人口问题等经济上的各项困难之外，从国防的角度来看也希望建立这样一个经济区域。"⑥这也就很温和地揭示了日本在中国实行武力扩张的基本目的。这势必遭到民族运动高涨的中国各种力量的不满和反抗，尾崎自己也说得很明白："反帝国主义运动明确地形成排日乃至抗日的形态，乃是1931 年 9 月的满洲事变、尤其是 1932 年 2 月的上海事变以来的情形。"⑦

对于日本对华扩张政策的实质，尾崎进行了这样的分析："日本的大陆政策，在世界资本主义的发展阶段中已处于落后的地位，而且不得不与诸列强为伍，因此难免有些过分的地方，我以上的论述差不多已经说明了这一

---

① 北一辉：《中国革命史》（『支那革命史』），《日本的名著——宫崎滔天・北一辉》（『日本の名著 宫崎滔天 北一辉』），东京：中央公论社，1982 年，第 582 页。

② 同上书，第 118 页。

③ 内藤湖南：《新支那论》，第 277 页。

④ 同上书，第 280 页。

⑤ 尾崎秀实：《最近日中关系史》，《尾崎秀实著作集》第三卷，第 127 页。

⑥ 同上书，第 129 页。

⑦ 同上书，第 131 页。

点。在这样的情形下，日本资本家的要求不得不通过经济以外的力量来得到支撑。其主力便是以山县有朋为代表的军阀的力量，还有后来军部的力量。产生于封建势力的军阀而后作为职业政治家处于日本政治的领导地位。这是指少数出身军部的最高级别的将军集团。与此相对的是昭和六年满洲事变以来在日本政治尤其是日本的大陆政策上具有特别重要性的所谓'军部'，他们原本并不是职业的政治家。……不过这两者都是以军队的力量作为背景的，而且在提出某些政治主张方面是一致的。这些政治主张的有力根据，就在于日本资本主义的发展与东亚大陆的经济要求结合在了一起，而且国际的环境以及日本资本主义的薄弱，使得它不得不使用武力来支撑它的经济上的要求。"①限于当时的言论管制，尾崎的言辞虽然有些委婉，意思却是相当的明晰。

尾崎这一系列的描述和分析，其目的也许是想要告诉日本的对华政策制定者，因为中国社会半殖民地半封建的特性，导致了近一百年来民族解放运动的此起彼伏，绵延不绝，如今这一运动的矛头直指日本帝国主义。这不是一时兴起的盲目的排外运动，而是有它内在的根本动因。"如何解决支那事变的问题，最终将归结为日本如何来解决支那的民族问题。"②限于当时的言论管制，尾崎的具体含义无法明确表述，但明眼人大致能够读懂了。

在当时研究中国的日本人中，尾崎还有一个非常显著的突出点，就是对于以国民党和共产党为首的近代中国革命史的叙述和分析。此前虽也曾有宫崎滔天的《支那革命军谈》（1912 年）、北一辉的《支那革命外史》（1914年）和报人出身但与中国革命运动密切相关的铃江言一（1894—1945）的《支那无产运动史》（1929 年）和《孙文传》（1931 年）等，但相对而言，在东京帝大受过非常良好的社会科学训练的尾崎，又掌握了马克思主义的研究方法，注意从社会构造和经济关系中加以描述和分析，而且他能毫无困难地阅读最新的各种中文和英文、德文文献，在与中共的接触中又获取了许多实际的情报，因此他对中国各地军阀的缘起和动向、国民党内外政策制定的基本依据、中国共产党的崛起和奋斗历程，概而言之，对当时整个中国政治的各派各系的政治力量和政治主张，都有一个非常明晰而全局性的把握，与上述诸人不同，他对中国的政局、尤其是国民党和共产党的论述，往往都借助大量最新的情报和经济统计数据，基本上很少带有主观的感情色彩，而是一种十分冷彻的客观分析，因而具有较高的信凭性。他撰写过《中国共产党和中国

---

① 尾崎秀实：《最近日中关系史》，《尾崎秀实著作集》第三卷，第 151 页。

② 尾崎秀实：《现代中国论》，第 211 页。

苏维埃》(1935年)、《中国共产党》(1936年)、《共产军的进入》(1936年)、《共产党的诸问题》(1937年)等文章,在《处于暴风雨中的支那》一书中则专列了《中国国民党·共产党关系史》一节,在《从国际关系看到的支那》一书中专设了《周恩来的地位》、《国共两党合作的将来》等章节,在某种程度上,他甚至预测到了共产党今后在中国掌权的可能性。可以说,在当时的日本,他是最具有权威的中国共产党研究者之一,就对情报的敏锐性和分析的透彻性而言,一时间可谓无出其右。

在战败前日本的中国研究家中,尾崎虽然独树一帜,不同凡响,但未必属于主流一脉,虽然在当时也属高级智库的一员,但他对中国以及中日关系的认识,在实际的日本对华政策制定中未必具有举足轻重的影响力。然而在对现实中国的认识和把握上,尾崎却是最具透视力和前瞻性的一位。与其他日本的中国研究家一样,尾崎对中国的关注和研究,其最终的目的仍是思考日本和东亚的命运。由于局势的险恶,尾崎在其有关中国的论述中,也有不少言辞模糊甚至些许官方的语调,但他后来在狱中回答检察官的讯问时,倒是无所忌惮地表明了他的政治设想:"我所说的所谓'东亚新秩序新社会'……就是在日本国内的革命势力非常微弱的现实中,为谋求日本国内的变革,必须要有苏联以及脱离了资本主义体系的日本再加上中国共产党完全掌握了领导权的中国这三个民族的紧密合作和互相帮助,以这三个民族的紧密结合为核心来首先建立东亚各民族的民族共同体。"[1]尾崎如此的动机和目的一旦昭然揭示出来,其难以成为日本的主流意识形态恐怕也是必然的了。

---

[1] 《司法警察官训练调查书》(「司法警察官訊問調書」)(第九回),《现代资料2·佐尔格事件(二)》,第128—129页。

回顾·沿袭·考辨

——从姜宸英看清初士大夫对日本的一般认识

朱海晶(复旦大学历史学系)

一、引论

中国典籍中关于日本的记载,最早或可以追溯到《山海经》中的"倭属燕"①。在东汉至西晋时,在《汉书·地理志》、《三国志·魏志·倭人传》中出现了明确的有关"倭国"的记载。自此以下到明朝中叶,正史中的"东夷列传"、"倭人传"、"日本传"几乎垄断了中国人对于日本的全部认识。

明代以降至清末,中国人关于日本的研究主要有两次高峰期。明洪武(1368—1398)以来,东南沿海的"倭寇"问题频发,至嘉靖(1522—1566)年间最为炽烈;万历(1573—1620)年间,明朝与日本在朝鲜爆发正面军事冲突,是为"万历朝鲜之役"(日本称为"文禄庆长之役")。受此刺激,公私书目中关于日本的记载开始大量涌现,如薛俊《日本考略》、郑若曾《日本图纂》、《筹海图编》、王在晋《海防纂要》等。其后至19世纪50年代,清朝和日本德川幕府在欧洲的坚船利炮之下先后开国,互相建立外交往来,

---

① 引文参见袁珂:《山海经校注·海内北经》,上海:上海古籍出版社,1993年,第321页。关于"倭"和"日本"的关系,可以参看沈仁安《日本起源考》第一章第二节的讨论,沈仁安:《日本起源考》,北京:昆仑出版社,2004年,第10页以下。

并相继开始维新变法。这一时期两国人员往来频繁,出现一批以亲历亲见为内容的著作,如罗森《日本日记》、傅云龙《游历日本图经》。而在这两次高峰期的中间,有一段近两百年的沉寂期。万历朝鲜之役以后,两国断绝官方往来,并都实行了不同程度的海禁政策。因此,关于日本的著作寥寥:如顾炎武《天下郡国利病书》、《明史・日本传》等整理、沿袭前代记载,关于日本几乎没有新知。而童华《长崎纪闻》、汪鹏《袖海编》等虽然根据亲见亲闻,却没有在中国广泛传播,也没有引起研究日本的风潮①。

清初姜宸英所作的《日本贡市入寇始末》②,正是出现在日本情报输入不多的康熙年间。

姜宸英(1628—1699),字西溟,又字西贛,号湛园,浙江慈溪人。存世著作有《湛园未定稿》、《湛园札记》、《苇间诗集》、《真意堂文稿》等③。姜宸英以古文、书法闻名于康熙年间,并因此得到康熙皇帝的注意,因此在士林中颇有声望。他在京城结交朱彝尊、纳兰性德等著名文人,参与徐乾学、金镇升的幕府,并以布衣身份参与修纂《明史》、《大清一统志》。此后康熙三十六年(1697)以七十高龄考中探花,一时传为美谈。最后于康熙三十八年(1699)因卷入科场舞弊案死于狱中④。

---

① 关于中国人的日本研究史之整体状况、分期和高峰期、低潮期,可以参考石晓军:《中日两国相互认识的变迁》台北:台湾商务印书馆,1992 年。武安隆、熊达云:《中国人的日本研究史》(『中国人の日本研究史』)东京:六兴出版,1989 年。时培磊:《明清日中研究史籍探研》,南开大学博士论文,2010 年。朱亚非、耿军:《明清两度"日本研究热"观察与比较》,山东师大学报,1997 年第 5 期,第37 至 40 页、第 53 页。

② 姜宸英为《大清一统志》写作了三篇文章:《海防总论》、《江防总论》、《日本贡市入寇始末》,都收入《湛园未定稿》和《湛园集》。《江防总论》与《海防总论》还单出刊行。《日本贡市入寇始末》是《海防总论》的附录。

③ 关于姜宸英著作的情况,尚无专门研究,较为完备的论述可以参见何丽晶:《姜宸英书学研究》,吉林大学硕士学位论文,2007 年。

④ 关于姜宸英的生平,研究论著主要可以参考陈雪军:《姜宸英年谱》,杭州:浙江大学出版社,2011 年。姜宸英《清史列传》、《清史稿》有传,并有多人为其作小传,收录较为完备的有《碑传集》、《国朝耆献类征初编》、《文献征存录》。关于其生平的最重要一手资料主要有严虞惇:《祭姜西溟先生文》,收入《严太仆先生集》,《四库未收书辑刊》,第八辑第 19 册,北京:北京出版社,2000年,第 512 页以下。全祖望:《翰林院编修姜宸英墓表》,《鲒埼亭集》卷十六"碑铭",《近代中国史料丛刊》三编第 388 册,台北:文海出版社,2006 年,第 673 页以下。方苞:《记姜西溟遗言》,《望溪先生集外文》卷六,《续修四库全书》第 1420 册,上海:上海古籍出版社,2002 年,第 634页以下。

　　《日本贡市入寇始末》①这篇文章，就其性质而言是为《大清一统志》所撰写，作为"海防志"的附录②，大致作于康熙二十五年至三十一年间。就内容而言，是关于日本的综述性文章，简要梳理了汉魏到明末日本与中国的"朝贡"和"贸易"的史实。后半部分夹叙夹议，引用明代官员的奏议对明代对日政策进行总结讨论，并与清康熙年间的对日贸易政策进行对比。《始末》并未被现存定本的三种《大清一统志》③采用，并且三种《大清一统志》并无"海防志"或"海防"这一门类④，书中的"日本"部分，也均没有采用姜宸英的文章，而是模仿《大明一统志》的体例进行了另写。《始末》被收入姜宸英本人的文集《湛园未定稿》、《湛园集》，又收入贺长龄编《清经世文编》。

二、写作背景

　　从传记资料来看，姜宸英并不像同时代的汪鹏（《袖海编》的作者）那样，曾经亲身去过日本；也不似陈伦炯（《海国闻见录》的作者）那样，有过处理海防、外交事务的经验；那么姜宸英为何会在中国对于日本极为隔膜的康熙年间，写作这样一篇关于日本的综述性文章呢？

　　首先，这可能与姜宸英家学中的"经世"传统有关。姜宸英被同时代人当做一位有"经世"思想的士人⑤，从家学渊源来讲，姜宸英家族自其高祖姜

---

①　关于这篇文章的题名：《湛园未定稿》卷二"拟稿"，目录处题作"日本贡市入寇始末海防志拟稿"，正文处题作"日本贡市入寇始末拟稿大清一统志"。见姜宸英：《湛园未定稿》，《四库全书存目丛书》集部261册，济南：齐鲁书社，1995年，第607页。《湛园集》卷四"论"，题作"论日本贡市入寇始末"，见姜宸英：《湛园集》，《景印文渊阁四库全书》第1323册，台北：台湾商务印书馆，1986年，第721页。《皇清经世文编》卷八十三"兵政十四·海防上"，题作"日本贡市入寇始末拟稿"。贺长龄等：《清朝经世文正续编》第二册，扬州：广陵书社，2011年，第260页。以下一并简称为"《始末》"。

②　《始末》与《海防总论》的关系参见："宋宋终始未尝罹倭患也。至有明之世，建置详矣。谨次明自洪武以来所设官立军以防海外海港海岸事宜，各省会哨海界及日本朝贡入寇互市始末然后备列今制别为篇如左。"姜宸英：《海防总论》，《湛园未定稿》卷一，《四库全书存目丛书》本，济南：齐鲁书社，1995年，第606页。

③　姜宸英参与纂修的康熙《大清一统志》最终并未成书。《大清一统志》因历次纂修，共有三个内容不尽相同的定本：成书于乾隆九年（1744）的康熙《大清一统志》、成书于乾隆四十九年（1784）的乾隆《大清一统志》，成书于道光二十四年（1842）的《嘉庆重修一统志》。关于三部一统志的情况，可以参见牛润珍、张慧：《〈大清一统志〉纂修考述》，《清史研究》，2008年第1期，第136至148页。

④　关于康熙《大清一统志》的纂修体例，可见徐乾学《憺园文集》卷35《大清一统志凡例》。徐乾学：《憺园文集》，《续修四库全书》，上海：上海古籍出版社，2002年，第773页。

⑤　清初评价士大夫有"经世之务"、"经世之学"，主要是指其人为官有治河、赈灾、筹边等等政绩，或者有兵政、地理、农桑方面的著作。全祖望为姜宸英撰写的墓表称："《一统志》中诸论序，亦经世之文也"，见上引《鲒埼亭集》卷十六"碑铭"，第679页。

国望开始,便有"经世"的评价。其曾祖姜应麟,曾撰述过地理类的文献①。

其次,《始末》的写作受到姜宸英纂修《明史》、《大清一统志》经历的重大影响。姜宸英自康熙二十年以布衣身份应邀入史馆,参与《明史》的编纂,并分纂明史《刑法志》和一部分列传。康熙二十五年,《大清一统志》开始修纂,到二十八年,《一统志》总裁徐乾学遭到弹劾,上疏乞休,请以书局自随。于是姜宸英跟随徐乾学至洞庭东山修志,直至康熙三十一年左右离开一统志馆。

就史料来源而言,康熙朝《明史》的开馆纂修,网罗了有关前代的各种公私史料,尤其是以《明实录》为首的一批稀见史料,为史官修史提供极大便利。姜宸英撰写《始末》于明一代叙事详尽,征引广博,这与他在史馆能接触到大量史料不无关系②。而《大清一统志》的纂辑,充分搜罗了各地方志③,这点也反映在姜宸英的文章之中。在论述万历时期浙江沿海的民生形势时,他便使用了来源于万历《绍兴府志》的资料④。就体例而言,姜宸英为《大清一统志》所纂的三篇文章,更类似于正史的"志"和"外国传"。《日本贡市入寇始末》在以时间顺序列举史实的写作方式和夹叙夹议的文章体裁上,都与姜宸英为《明史》所作的"刑法志总论"有一定的相似性⑤。就直接的写作目的而言,《日本贡市入寇始末》是为《大清一统志》而作,作为"海防志"总论的附录,

再次,《始末》的写作,正值康熙年间中国开放海禁、中日民间贸易逐渐升温的时代。《始末》的最后部分便说:

> 国家初患海孽未平,撤界而守,禁及采捕。康熙二十三年,克台湾。
> 各省督抚臣先后上言,宜弛航海之禁,以纾民力。于是诏许出洋,官收

---

① 姜宸英高祖姜国华有治河的功绩,曾祖姜应麟有医卜地理类著作,父亲姜晋珪也被称为"娴经世之略"。可参见《湛园集》卷五《先参议赠太仆公传略》、《先太常公传略》。见上引姜宸英:《湛园集》,《景印文渊阁四库全书》第1323册,第754至761页。及朱彝尊《曝书亭集》卷七十六《孝节姜先生墓志铭》。朱彝尊:《曝书亭集》,《四部丛刊》初编,上海:上海书店,1985年,第865页。关于姜宸英本人的"经世"评价,见上引全祖望《鲒埼亭集》之《翰林院编修姜先生宸英墓表》,第679页。

② 关于姜宸英使用的史料与《明史》编纂的相关性,尚需进一步辨证。《日本贡市入寇始末》与《明史·日本传》和《明实录》的关系,将在第四节进一步说明。

③ 从体例上而言,《一统志》就像是各地方志的汇总。康熙《大清一统志》的开始编修,其重要的背景是,是时(康熙二十四年前后)各省方志已经初具规模。关于《大清一统志》和方志的关系,可以参看乔治忠:《〈大清一统志〉的初修与方志学的兴起》,《齐鲁学刊》,1997年第1期,第115至122页。

④ 姜宸英很可能转引自顾炎武《天下郡国利病书》,见下文第三节。

⑤ 关于《日本贡市入寇始末》在体例问题,将在第四节进行进一步探讨。

其税。民情踊跃争奋,自近洋诸岛国,以及日本诸道,无所不至。①

正如姜宸英所言,由于三藩之乱、台湾相继平定,"迁界禁海"政策不再适宜。康熙二十三年九月,清廷颁布"展海令",准许开海贸易②。解除海禁之后,前往长崎进行贸易的中国商船数量激增③,清廷还特意设立四榷关,以管理海上贸易。这是《始末》写作的直接刺激。

姜宸英虽然对于清朝的政策变化反应敏感,然而通篇来看,他对日本的近况却不大了然。在《始末》写作的年代,德川幕府已经进入"锁国"时期,只允许长崎一港的贸易往来。针对康熙开海以来的唐船大量来航,幕府为之制定了相应的限制措施:颁布"贞享令"、建设"唐人屋敷"等。④ 虽然两国政治上的交流仍然处于停滞状态,但民间的贸易却因为中国单方面的开海而大幅升温。姜宸英于日本史实的叙述,基本停止在明嘉靖之前,而论述清朝对日政策时,仍然立足于市舶司、勘合等明代史事。这些室町幕府时代的旧制度,在跨越南北朝、室町、安土—桃山、江户好几个时代之后,已经完全变得不符合日本的近况。与明代有交集的南朝征西府、足利将军、九州战国大名、丰臣秀吉等都已经逝去,取而代之的德川幕府的"锁国"政策和长崎贸易,在文中却完全没有得到反应。姜宸英仍然将日本视作那个明代初年的"朝贡国"和明代中叶的"倭寇源地",用明代的旧事向清廷提出不合时宜的建议⑤。

三、文章的内容及其史源

从体例而言,《始末》大致可分为三个主要部分:

第一部分:列叙明代以前日本"朝贡"、中国"使倭"相关史实的,主要叙述前代正史中记载的中日官方交往事件。

---

① 姜宸英:《日本贡市入寇始末拟稿》,《湛园未定稿》,《四库全书存目丛书》集部261册,济南:齐鲁书社,1995年,第612—613页。

② 《清圣祖实录》卷116康熙二十三年九月甲子朔条,北京:中华书局,2008年,第4076页。

③ 关于商船数量的统计,参见松浦章著、张新艺译:《清代帆船与中日文化交流》,上海:上海科学技术文化出版社,2012年,第164页以下。

④ 关于康熙开海时期中、日两方的贸易情况,参见上引松浦章:《清代帆船与中日文化交流》,第6—8页。大庭修、戚印平等译:《江户时代中国典籍流播日本之研究》,杭州:杭州大学出版社,1998年,第417—469页。

⑤ 《日本贡市入寇始末》的议论部分,主要就是总结明朝市舶、朝贡制度的得失,以为清朝对日贸易的镜鉴。姜宸英说:"比年以来,报课日足,比之唐宋则利倍之,比之于明则绝其隐患,此所为不宝远物而远人格者。与夫疲敝百姓,以逞志于荒服之外者异矣。"见上引姜宸英:《日本贡市入寇始末拟稿》,《湛园未定稿》,第612页。

第二部分：叙述明开国以来直到嘉靖年间的官方往来、倭寇事略。主要以叙述倭寇、市舶贸易两条线索为主，讨论明代倭寇来源、倭寇性质、市舶司制度存废得失、是否应该允许日本朝贡等。

第三部分：对明代对日政策进行总结式评论，讨论明代对日政策的得失，并指出清代的对日政策是吸取了明代教训的成果。

1. 第一部分：

这一部分，姜宸英简要地叙述了从汉武帝时代以来至元末，中日交流史上的重要事件。与后文将要提到的《苍霞草·日本志》、《明史·日本传》等不同，姜宸英只记述日本官方"进贡"的史实，而不载中国官方对于日本的出使，如《宋史·日本传》中记载的民间往来、僧人和飘船等重要事件，也一并不载。

在文章的开头，姜宸英说：

> 自汉武帝灭朝鲜，倭驿使始通者三十许国。至建武二年，奉贡朝贺，使人自称大夫，倭国之极南界也。安帝永初元年，复入贡。①

这一条就史源而言，出自《后汉书·东夷列传》：

> 自武帝灭朝鲜，使驿通于汉者三十许国，国皆称王，世世传统。……建武中元二年，倭奴国奉贡朝贺，使人自称大夫，倭国之极南界也。光武赐以印绶。安帝永初元年，倭国王帅升等献生口百六十人，愿请见。②

姜宸英行文简洁，相对于《后汉书》，已经省略了有关倭人风俗、倭国王帅升献人口等细节内容。这种省略在文中随处可见，与其史源对比，姜宸英通常只保留最基本的时间信息，或者只保留次数的统计数据，如：

> 魏时朝献者一、入贡者二。至晋前后贡使以六。③

就史实而言，姜宸英统计的"朝贡"记载脱漏甚多，在今日中日交流史研究中具有重要极为重要地位的唐代，甚至只有一句概述：

> 唐兴，贡献益数。④

虽然姜宸英叙述的史实，全部出自前代官修的正史。而就上文提到的

---

① 姜宸英：《日本贡市入寇始末拟稿》，《湛园未定稿》，第 607 页。
② 《后汉书》，北京：中华书局，2011 年，第 2820—2821 页。
③ 姜宸英：《日本贡市入寇始末拟稿》，《湛园未定稿》，第 607 页。
④ 同上。

"只记载朝贡"、"系年排比并省略"两个特征而言,则比较明显地受到《筹海图编》的影响①。《筹海图编》的卷二,专门就中国出使日本和日本来"朝贡"的史实,辟出了具有表格性质的两篇:《倭国朝贡事略》和《王官使倭事略》。姜宸英在第一部分里提到的史实,均可以在《倭国朝贡事略》中找到。

上文提到的"魏时朝献者一、入贡者二。至晋前后贡使以六"一句,便很可能来自于《倭国朝贡事略》。如果返回《晋书》和南北朝"八书二史",完全可以统计出超出六次的朝贡次数②。而《倭国朝贡事略》所统计的魏晋南北朝间朝贡次数,恰恰是:魏朝献一次,入贡两次,晋代入贡六次③。

第一部分中,姜宸英关于日本的知识,并没有超出前代正史中日本传的范围。正史中的日本传,对于汉到明千余年间的史事只有很少的记载。饶是如此,姜宸英也要利用这些十分有限的材料,去进行史事的辨证:

> 天宝十二年,以新罗道梗,始改贡道由明州。其后使者仍由新罗。考宋端拱元年,倭僧奝然遣弟子表谢,有曰:'望落日而西行,十万里之波涛难尽。'倭开洋至宁波才五日耳,不得云十万里,此由新罗之征也。

从日本到宁波的海路情况,在中国史籍中一直到明代中叶《日本考》、《筹海图编》知识,才有明确而详尽的记载。而姜宸英却使用明代的史料,去辨证宋代奝然的对话,并且进一步以之辨证唐代的史实,并不知晓三个朝代的海上交通情况已经完全不同④。这样类似的错讹,在《后汉书》加工《三国

---

① 《筹海图编》的版本情况复杂,主要有五个刻本。明代三刻四印,嘉靖、隆庆本大概保存原貌,万历、天启本经胡宗宪后人胡灯或胡维极删补,除去了原作者郑若曾的信息,这两种流传最广。康熙三十一年郑若曾后人郑启泓更正改窜,但又为之大幅添补内容,中华书局点校本便依据此版本。姜宸英所见,基本不可能是康熙增补本。关于其版本信息,可以参见汪向荣:《关于〈筹海图编〉》,收入氏著《中日关系史文献论考》,长沙:岳麓书社,1985 年,第 159 页以下。

② 两晋南北朝间的朝贡,就统计而言:《晋书·四夷传》记录一次,《宋书·夷蛮传》共录东晋贡使一次,宋贡使五次。《南齐书》《南史》虽然记录册封,却未记载进贡。就正史日本传部分,也可统计出七次。康熙增补本《筹海图编》的《倭国朝贡史略》,统计出八次。如果求诸正史的本纪,还可以钩沉处更多,仅仅《晋书》本纪中,和"倭"、"东夷"有关的朝贡便可以统计出七次,均超出日本传的统计范围。

③ 《筹海图编》,《中国兵书集成》第 15 册,沈阳:解放军出版社、辽沈书社,1990 年,第 217 至220 页。

④ 关于唐代以来,日本到达中国的海路问题,涉及问题非常复杂。例如日本九州的局势,朝鲜半岛的局势,造船的技术等等。这些问题虽然经当代中日交流史研究而逐渐明晰,但在姜宸英的时代却完全是一团模糊。可以参见木宫泰彦著,胡锡年译:《日中文化交流史》,北京:商务印书馆,1980年,第 616—633 页。

志》的史料时便产生了①,在明后期王世贞的《弇州史料·倭志》中也不断出现。这种史料阙如、史事模糊、结论错误的辨证,成为《始末》一类对于日本综述性文章多少具有的特征。

2. 第二部分

叙述进入明代,文章的体例开始发生变化:主题上逐渐由叙述两国官方交流史过渡到倭寇史、贡舶贸易史。行文逐渐从列举史实,转变为议论制度得失。

明代前期,与日本南朝征西府及室町幕府有官方的使臣往来。在叙述这一段史实时,姜宸英主要依据郑晓《吾学编·四夷考》(或者王圻《续文献通考·四裔考》②)的行文。同时,他还参酌补入《筹海图编》中《倭国朝贡事略》和《王官使倭事略》记载的史实:

> 乃二年,遣同知赵秩赐玺书,盛夸以天子威德,且责其自擅不臣。其王初欲杀秩,继而复礼秩,遣僧随之入贡。然使未至,而寇掠温州矣。是年有诏浙江福建造海舟防倭。秋遣行人杨载赍书往。③

这一条中出现了两个严重的记事错误。其一是将洪武三年赵秩的出使,误系在洪武二年。并将二年杨载的出使,放在赵秩之后④。这个错误很可能是抄录《筹海图编》造成的。《武备志》、《海防纂要》等沿袭《筹海图编》的史书,也出现了这个错误。

> 《筹海图编·王官使倭事略》:"太祖高皇帝洪武二年遣使招夷,遣使臣赵秩望日本……秋,使行人杨载赍玺书谕日本国王。"⑤

而"是年有诏浙江福建造海舟防倭"一句,却并不见《筹海图编》。根据《明实录》,下诏浙江福建造海舟防倭发生在洪武五年⑥。这一错误,很可能是抄录《吾学编·四夷考》时发生的讹误。

《始末》第二部分叙述明代史事,脱漏也很多。自洪武年间赵秩出使以

---

① 可以参见汪向荣《中国正史中的日本传》,收入上引《中日关系史文献论考》,第17页以下。

② 王圻《续文献通考·日本考》几乎全数抄录了《吾学编》有关的部分。

③ 姜宸英:《日本贡市入寇始末拟稿》,《湛园未定稿》,第607—608页。

④ 杨载的出使,可参见《明太祖实录》卷三十九洪武二年二月丙寅朔辛未条,台北:中研院历史语言研究所,1983年,第785至786页。赵秩的出使,可参见《明太祖实录》卷五十洪武三年三月庚寅朔条,第987页。

⑤ 郑若曾:《筹海图编》,上引《中国兵书集成》,第205—206页。

⑥ 《明太祖实录》卷七十四洪武五年八月乙亥朔甲申条,第1390页。

后,记载郑和、赵居任、俞士吉、望海埚之役、成化时杨守臣上疏、嘉靖二年宁波争贡事件等史事,与《吾学编·四夷考》(或《续文献通考·四裔考》)大体类似。在行文上,甚至直接抄录。

比如在讨论永乐年间赵居任出使时:

> (永乐二年)帝嘉其诚,遣通政使赵居任厚赐之。又给勘合百道,令十年一贡,每贡毋过二百人。船毋过二只,限其贡物。若人船逾数,夹带刀枪,并以寇论。①

这一条几乎全数抄录《吾学编》的行文:

> 永乐二年使还,遣通政赵居任赐王冠服、文绮、金银、古器、书画。又给付勘合百道,令十年一贡,每贡正副使等毋过二百人,若贡非期人,船逾数,夹带刀枪,并以寇论。②

进入明成化之后,《始末》的行文开始转折。在叙述嘉靖时期倭寇猖獗的史实时,主要根据的或许是《筹海图编》卷七的《寇踪分合始末图谱》、《嘉靖以来倭夷入寇总年表》。同时使用《筹海图编》中所载的奏疏,讨论贡舶贸易,但从叙事线索上仍然沿用《吾学编》的文字。如成化中杨守陈的上疏,《吾学编》仅仅录其疏中关于倭寇暴行的部分:

> 正统四年,寇大嵩,入桃渚。官庾民舍,焚劫一空,驱掠少壮,发掘坟墓。束婴孩竿柱上,沃之沸汤,视其啼号拍手笑乐。捕得孕妇,忖度男女,刳视中否为胜负,饮酒荒淫,恶至有不可言者。积骸如陵,流血成川,城野萧条,过者陨涕。

姜宸英根据《筹海图编》卷十二予以补全:

> 以为倭贼僻在海岛,其俗狙诈狠贪。……正统中来而得间,乃入桃渚,犯大嵩,燔仓庾,焚庐舍,贼杀蒸庶,积骸流血如陵谷。缚婴儿于柱,沃之沸汤,视其啼号以为笑乐。剖孕妇之腹,赌决男女以饮酒,荒淫秽恶,至不忍言。吾民之少壮与其粟帛,席卷而归巢穴,城野萧条,过者陨涕。……窃以为宜降明诏,数其不恭之罪,示以不杀之仁,归其贡物,而驱之出境,申命海道帅臣,益严守备,俟其复来,则草薙而禽獮之,俾无

---

① 姜宸英:《日本贡市入寇始末拟稿》,《湛园未定稿》,第608页。
② 郑晓:《吾学编》,《续修四库全书》第425册,上海:上海古籍出版社,2002年,第179页。

嚄类。若是则奸谋沮息,威信并行,东南数千里得安枕矣,守陈言不用。①

姜宸英在此节讨论通贡、开市时所引用的唐枢、唐顺之、郑晓、郑若曾的言论,都能在《筹海图编》卷十二的"开互市"、"通贡道"两节中予以找到②。

由于《筹海图编》于嘉靖四十年成书,《吾学编》于嘉靖四十五年成书③,因此不会述及嘉靖之后的史实。姜宸英接下来的叙述便主要根据顾炎武《天下郡国利病书》。如:

> 然近海之民,以海为命,故海不收者谓之海荒。④

其史源来源于方志——万历《绍兴府志》:

> 说者曰,海民生理,半年生计在田,半年生计在海,故稻不收者谓之田荒,鱼不收者谓之海荒。⑤

又如:

> 万历初,巡抚刘尧诲请舶税充饷,岁以六千两为额。⑥

史源当是张燮《东西洋考》"饷税考":

> 万历三年,中丞刘尧诲请税舶以充兵饷,岁额六千。⑦

《始末》叙述嘉靖以后事,尚有出自王在晋《海防纂要》者:

> 至万历二年,浙江巡抚庞尚鹏奏请开海禁,谓私贩日本一节,百法

---

① 杨守陈的上疏,见《杨文懿公文集》卷二"镜川稿",《四库未收书辑刊》伍辑十七册,第415页。又见郑若曾:《筹海图编》,上引《中国兵书集成》本,第1171—1174页。

② 姜宸英引用的奏疏,一般都按《筹海图编》的记录予以署名,如"主事唐枢"、"通政唐顺之"、"尚书郑晓"。然而唯独郑若曾按语不署名。这说明姜宸英见到的文本,很可能出自《筹海图编》剜改删去郑若曾署名的万历本、天启本。《筹海图编》引郑晓的话,原文不署郑晓名,而这一条原文也出现在《吾学编》中。姜宸英补入郑晓名字,或是姜宸英行文直接依据《吾学编》的证据。又《筹海图编》于唐顺之条原署"都御史唐顺之",或许是根据《天下郡国利病书》中的引文。

③ 成书时间参见钱茂伟:《明代史学编年考》,北京:中国文联出版社,2000年,第151、163页。

④ 姜宸英:《日本贡市入寇始末拟稿》,《湛园未定稿》,第611页。

⑤ 这一条出自万历《绍兴府志·武备志》,《四库全书存目丛书》第201册,济南:齐鲁书社,1997年,第21页。见顾炎武:《天下郡国利病书》浙江下,上海:上海科学技术文献出版社,2002年,第1784页。

⑥ 姜宸英:《日本贡市入寇始末拟稿》,《湛园未定稿》,第611页。

⑦ 顾炎武《天下郡国利病书》"福建·洋税考"作:"万历二年,巡抚刘尧诲题请舶税充饷,岁以六千两为额",上引顾炎武:《天下郡国利病书》,第2221页。从刘尧诲的官名来看,应当是直接征引自《天下郡国利病书》。

难防。①

原文作：

> 万历初年，巡抚庞尚鹏请开海禁，准其纳饷过洋。既裕足食之计，实寓弭盗之术。盖市禁则商转而为寇，市通则寇转而为商，理固然也。惟私贩日本，一节百法难防，不如因其势而利导之，弛其禁而重其税，又严其勾引之罪，讥其违禁之物。如此则赋归于国，奸民亦何所利而为之哉？②

3. 第三部分

姜宸英在第二部分，主要列叙了前代众人对于通贡、开市的意见。并且作出了"有贡则商舶宜禁，贡绝则商舶者适所以为中国利也，未见其害也"的判断。所根据的史实是：

> 自嘉靖末年，海患既平，贡使亦绝，以至于今。不闻其国之服食器用有缺，而必取资于中国也，亦不闻倭之日为患于中国如前也。③

正如上文所叙，姜宸英并不清楚日本列岛上发生的朝代鼎革、形势变迁。他所知道的只是嘉靖时代倭寇平定之后，日本人不再来贡。不再"进贡"的理由，则被他简单地归纳为"不闻其国之服食器用有缺，而必取资于中国也"。虽然究其实并不明了日本的"服食器用"具体情况怎样，但这并不妨碍他下这样的断语。第三部分的开头，姜宸英便叙述了他所知道的日本情况：

> 日本酋长为众所尊者曰天文。彼中故事，每遇闰年，则诸岛富家，各输赀于天文，请得勘合入贡。中国颁赐勘合贮肥后州亦有贮山阳道周防州者，所谓天文者是也。入寇者，即九州岛岛夷也。实则贸迁有无，以牟厚利。利势在上，天文所欲者。后因奸民通贩，加之假称名号者，窃录勘合，私通酋长，遂至往来无稽，而天文之利权下移矣。故私贩者中国之所恶，而亦日本之所不乐者也。④

从史源上来看，所谓"天文王"、"肥后州"、"周防州"等等称呼，应当与

---

① 姜宸英：《日本贡市入寇始末拟稿》，《湛园未定稿》，第611页。
② 王在晋：《海防纂要》，《续修四库全书》第739册，上海：上海古籍出版社，2002年，第663页。
③ 姜宸英：《日本贡市入寇始末拟稿》，《湛园未定稿》，第611页。
④ 同上书，第612页。

嘉靖年间胡宗宪遣蒋洲、陈可愿传谕日本有关①。这一条可能依据的是《筹海图编》卷十二"降宣谕"：

> 照得倭夷诸岛种类虽繁，部落相联，亦有酋长。众所尊者，号曰天文。其法最严，其威慑众，一人为盗，一家尽灭。一岛有犯，邻岛移平。即奉令勘合以时来贡者，彼中故事，每遇闰年，则诸岛富倭，各出己赀，输于天文，请得勘合，方来入贡。实则贸迁有无，以侔厚利。利权在上，天文所欲者，后因海禁废弛，奸民通番，殷实之倭，径自贸易，不请勘合。利权下移，天文所不乐者。加之徽贼王、徐、闽贼林、陈辈，假称名号，窃录勘合，妄具礼仪，私通酋长。遂至招呼益众，往来无稽，天文所不知者。②

姜宸英于此不仅不知道"天文"并不是日本国君的统称，而且并没有意识到，他所叙述的日本国事，早已是百余年前嘉靖年间的过眼云烟。日本自天文二十四年以来发生的一切变化对于他来说都是云里雾中，因此面对受到江户幕府严格操纵的长崎贸易，他发出这样的感慨：

> 中国主其出入，而岛人潜处，帖伏而不敢动……如今日使倭之片帆不复西指，视中国如天上焉。而吾民日取其有而转输之，于以仰佐县官之急，充戍守之用，而私以自宽其民力于耕商之所不及。是则上饶而下给之道，莫安万世之良策矣。③

他仍然把康熙时代的东海当做了嘉靖年间寇盗蜂起的东海，把康熙年间的日本幕府当做了互相纷争的守护大名、战国大名。他虽然看见了日本的"片帆不复西指"，却并不知道这是德川幕府的锁国政策所致，并且将这样的情势，归结为日本人"视中国如天上焉。"

四、与明中叶、清初、晚清其他关于日本著作的对比

1. 就内容而言：

如上文所言，《始末》是"海防志"的附录，是为了说明沿海"设城建堡"的缘由。因此姜宸英着重叙述的是朝贡、倭寇、贸易，而对于日中交流史事

---

① "天文"的称呼，应当是指日本的"天文"年号。蒋洲出使日本在嘉靖三十四年（1555），时值日本后奈良天皇天文二十四年。黄宗羲《南雷文定前集》卷十"蒋氏三世传"中就有"本以天文王为其主，然号令不出国门。各岛自相雄长，丰后、山口又岛中之最雄者也"的表述。关于蒋洲出使日本，可参见王佩弦《蒋洲出使日本考》。

② 郑若曾：《筹海图编》，上引《中国兵书集成》本，第 1157—1159 页。

③ 姜宸英：《日本贡市入寇始末拟稿》，《湛园未定稿》，第 613 页。

却不大了然。姜宸英本人也并非对日本事务有特殊的关怀，更没有这一方面的知识积累，因此在文中屡屡出现系年的错讹。

将《始末》与李言恭、郝杰《日本考》"朝贡"条、王世贞《弇州史料·倭志》相比，虽然二书与《始末》叙述史实来源相同，但叙事的详略却无法比拟。如在叙述奝然入宋的史实时，《始末》仅有引用其诗句，而《日本考》却几乎搬运了《宋史》中绝大部分的内容。

《始末》与这些"专著"相比，叙事的重心也不尽相同，在诸正史的日本传里，最为受到广泛注意的，是《三国志》、《隋书》、《宋史》，而最不受注意的，恰恰是南北朝部分。三国时代的卑弥呼、壹与，隋代的国书"日出处天子致书日没处天子"，《宋史》中的奝然，都是前代有关日本的著作所津津乐道的，会占去文章篇幅的大半。而《始末》中关于这些逸事的细节，却只有寥寥几笔。又如叙述倭寇史时，《弇州史料·倭志》起止明代，篇幅虽短，然而东南沿海的倭寇史实，就占去文章的绝大部分。相较而言，《始末》中的倭寇记载仅仅是为了说明"私贩"的性质，甚至没有叙述倭寇的平定过程。

总而言之，自从嘉靖倭寇猖獗以来，倭寇的入侵和东南沿海的经略便成为有关日本著作的中心话题。虽然叙事繁简详略不同，但是这个话题却经久不衰。在时过境迁的清朝初年，"倭寇"这个过时的对手仍然是各类著作的假想敌。姜宸英写作《始末》的目的，也正是为了巩固东南海防，防备倭寇的入侵。同时代的《天下郡国利病书》、《海国闻见录》当中，也都还会出现大量的倭寇话题——虽然，这个时代的中日交流的主题，已经转换为保守而和平的"长崎贸易"。

2. 从体例上看：

无论是官撰的《大明一统志》、《大清一统志》，还是私撰的《苍霞草·日本志》，其有关日本的部分，几乎都发源于前代正史中的"日本传"。因此各著作的核心，都是叙述中日交流史的史事。同时关于日本的记述历代不断沿袭，几乎形成了一种特定的叙述方式：

在开篇叙述日本国号的来历、叙述其地理情况、叙述其国王世系（就其史源而言，来源于《三国志》、《宋史》）。

如《苍霞草》所叙较为简略：

> 日本古倭奴国，在东海中。地分五畿七道三岛，又附庸国百余，大者五百里，小者百里，最强大桀黠。①

---

① 叶向高：《苍霞草》，《四库禁毁书丛刊补编》第 64 册，北京：北京出版社，2002 年，第 513 页。

又如《大明一统志》：

> 古倭奴国，后改名日本。以近东海日出而名也。地环海，惟东北限大山，相传有五畿七道三岛，共一百十五州，统五百八十七郡，其小国数十，皆服属焉。①

而在文章的最后，也常常专辟出门类，罗列日本的"贡物"和"风俗"，如《大清一统志》②。

这些特征在《始末》中完全无法找到，可见姜宸英并没有采取当时通行的有关日本的著述几乎都有的写作惯例。文章与其说接近于正史的"志"和"外国传"不如说更像一篇夹带些许骈俪的政论文。这也似乎是黄叔琳为之重编《湛园集》时，将《始末》的归属门类从"拟稿"改为"论"的原因。就整篇文章的逻辑结构而言，《始末》似乎还带上了清代考据学的特征：整齐众家杂语，以成一家之言，广泛搜集材料，力图辨证事实。这点从上举的《始末》关于海道的考证和对于明代奏疏的归纳可以看出来，这样的风气也可以在后来姚文栋《日本国志》和黄遵宪《日本国志》中看到。

如果抛开《始末》这个有些异类的"日本传"来看，从明中叶到清中叶的有关日本著作的体例都是相当整齐划一的：叙述日本国的概况（国号、地理、世系），以时间顺序排列"朝贡"和"出使"的事件，能够给中国提供的"贡品"如何。无论是时间经纬还是事件始末，都是以中国作为"宗主国"的视角为基准点的。如各种史料中出现的日本"国王"（实际为幕府将军）"源道义"、"源义政"、"源义澄"、"源义植"、"源义晴"等，他们之间的人物关系、世袭罔替没有在任何一部著作中得以说明。同时日本本国的人丁、地产、风俗等并不受到士大夫们的关心，关于这方面的记载自《宋史》外国传以来就只被沿用而没有任何的更新。

3. 从材料上看：

姜宸英使用的史料，除了前代正史之外，主要是私家著述：《筹海图编》、《吾学编》、《天下郡国利病书》等。作为《明史》的修纂者之一，姜宸英却似乎没有使用史馆中的《明实录》。明代历朝实录，自万历年间流出民间，已经被多位晚明史家予以采用③。定本《明史·日本传》，便是建立在《实录》的基础之上。如叙述郑和的史事时，姜宸英说：

---

① 《大明一统志》，西安：三秦出版社，1990年，第1370页。
② 《大清一统志》卷五五五，上海：上海古籍出版社，2008年，第761—763页。
③ 撰写《弇州史料》的王世贞及顾炎武、黄宗羲都曾看到过实录。参见谢贵安《明实录研究》，武汉：湖北人民出版社，2003年，第44页以下。

永乐二年,命太监郑和从兵下西洋,日本先纳款。献犯边倭二十余人,即命治以其国之法,缚置甑中蒸死。①

这个表述,在《吾学编》、《筹海图编》、《日本图纂》、《弇州史料》等书中都有类似的记载,而在《明史·日本传》里郑和便被删去了:

明年(永乐二年)十一月来贺册立皇太子。时对马、台岐诸岛贼掠滨海居民,因谕其王捕之。王发兵尽歼其众,絷其魁二十人,以三年十一月献于朝,且修贡。……而还其所献之人,令其国自治之。使者至宁波,尽置其人于甑,烝杀之。②

原因在于,《明实录》中有关郑和招谕海外诸国,系年在永乐三年,同时也没有和日本相关的记载③。

《始末》与同时代著作相比,对于新材料和新知识显得相当迟钝。明代关于日本或者倭寇的类书性质著作如《筹海图编》、《日本考》,包括综合性的地理著作《天下郡国利病书》等,都会涉及勘合制度、海上针路、九州形势、萨摩情报、日语注音等。这些有关信息是明以前正史所无,是在朝贡贸易、倭寇战争和朝鲜之役中积累起来的新知。对于康熙朝的人来说,《始末》所提供的关于日本的新知是几乎没有的。而同时代的著作如与姜宸英同时代略后的陈伦炯《海国闻见录》,便详细地著录了日本萨摩地区的风俗特产、地理人情。与《海国闻见录》相比,尤侗的《外国竹枝词》虽然并没有亲见亲闻,但他对明代的史实却表现出了格外的关注:

日本天皇号至尊,五畿七道附庸臣,空传历代吾妻镜,太阁终归木下人。④

虽然前句依然只是沿袭前代的正史,但后句提及的《吾妻镜》和"太阁"、"木下人"(指丰臣秀吉),已经是万历以后才被中国人所知晓的情报了。就万历朝鲜之役的情报而言,《始末》中并不置一词。这不仅仅是姜宸英一人的缺略,这一段历史在成书晚于朝鲜之役的叶向高《苍霞草·日本志》与顾炎武《天下郡国利病书·九边四夷·日本》中都只字不提。直到《明史》中《日本传》和《朝鲜传》的撰成,这一史实才进入"日本传"的视野。

---

① 姜宸英:《日本贡市人寇始末拟稿》,《湛园未定稿》,第608页。

② 《明史》原文及其所引《明实录》情况,并参见汪向荣《〈明史·日本传〉笺证》,成都:巴蜀书社,1988年,第36—37页。

③ 《明太宗实录》卷四三永乐三年六月乙丑朔己卯条,第685页。

④ 尤侗:《外国竹枝词》,《丛书集成初编》第3262册,北京:中华书局,1991年,第2页。

以理言之,对于究心海防的姜宸英、顾炎武、陈伦炯等人而言,万历朝鲜之役应该得到他们特别的关注。然而这次两国之间时隔千年的正面冲突,却并未得到他们投射过多的目光。直到《明史・日本传》的问世,这次战争似乎就被明末至清初的各种"日本传"所抹杀掉了。这种对于他国信息的迟钝和滞后,直到1840年以后魏源、徐继畬等人身上,才有一定的改观。

4.就沿袭和错误上看:

虽然明代因嘉靖、万历两朝直接接触日本的缘故,有关日本的新知大量涌入。虽然成书的著作众多,但史源基本上集中在几部著作之上。其余的著作之间,互相辗转抄录,已成常态。如《日本考略》完全沿袭前代正史,而《海防纂要》、《登坛必究》、《武备志》等便沿袭《筹海图编》。各书之间陈陈相因往往多有错讹。

如各书记载嘉靖二年宁波争贡一事,关于日本大名"大内义兴"和"细川高国",《始末》作:

> 大内艺兴遣宗设,细川高遣僧瑞佐及宋素卿,先后至宁波。①

"大内义兴"已经讹误为"大内艺兴","细川高国"则脱一"国"字。作为《始末》来源的《吾学编》作:

> 大内艺兴遣僧宗设,细川高遣僧瑞佐及素卿,先后至宁波。②

错误与《始末》完全相同。《日本考》"朝贡"条作:

> 大内艺兴遣使宗设谦道,西川高国遣使瑞佐、宋素卿交贡。③

则是将"细"字讹作了"西"。《筹海图编》"倭国朝贡事略"作:

> 西海道大内谊兴国遣使宗设谦道入贡。越数日,夷舡一只,使人百余,复称南海道细川高国遣使瑞佐、宋素卿入贡。④

则不止讹误了"谊"字,并且似乎是将"大内谊兴"和"细川高"当做了国家的名字。其余如《苍霞草》、《弇州史料》等都有不同程度的讹误,竟无一本著作写对。与上述史籍史源不同的《明史・日本传》作"多罗氏义兴"⑤,仍然有

---

① 姜宸英:《日本贡市入寇始末拟稿》,《湛园未定稿》,第609页。
② 上引郑晓:《吾学编》,第180页。
③ 李言恭:《日本考》,北京:中华书局,1983年,第65页。
④ 郑若曾:《筹海图编》,第232页。
⑤ 《明世宗实录》中并无提及大内义兴和细川高国的名字。

一字之差①。

直至晚清黄遵宪的《日本国志》，仍然将"细川高国"讹作"畠山高国"②。从嘉靖二年至晚清历三百年，这个错误都并未得到解决。黄遵宪作《日本国志》，能够看到日本方面的记载，尚不知其据何史料修改。而《始末》、《明史》等中国史籍，则完全是在史料阙如的一片黑暗中盲人摸象，自然也就无所谓辨证了。

5. 与晚清著作的对比：

自姜宸英而后，中国对于日本的了解依然极其有限。姜宸英的文章，滞后到了明嘉靖、万历时代，而 19 世纪 50 年代的魏源《海国图志》、徐继畬《瀛寰志略》，与姜宸英相比也并没有多大进展。《瀛寰志略》尚且称"日本……历代史籍言之纂详。"③关于日本的文字部分，仍然采自《天下郡国利病书》、《海国闻见录》等清初史籍④。《海国图志》所辑录的，依旧是《明史》、《武备志》、《海国闻见录》、《清朝文献通考》、黄宗羲《行朝录》等⑤。无怪乎薛福成要说："近世作者如松龛徐氏、默深魏氏，于西洋绝远之国尚能志其崖略，独于日本考证阙如。或稍述之而惝恍疏阔，竟不能稽其世系疆域，犹似古之所谓三神山者之可望不可至也。"⑥

再其后，到黄遵宪写作《日本国志》之时，已是 1887 年。此时的清朝和日本都早已结束"锁国"的政策，互相之间建立了频繁的外交往来。

《邻交志》大量补入《日本书纪》、《大日本史》等日本史籍的内容，整本《日本国志》所增补的史料囊括游记、史籍、档案甚至街谈巷议，但基本的叙事构架仍然是中国的历代正史，尤其是明代部分，大体上仍然是沿用《明史·日本传》、《明史·朝鲜传》的相关章节。就体例而言，《日本国志》采用的仍然是中国正史的"志"作为分类。饶是如此，这种"朝贡体系"中的天朝上国姿态已经得到了不少缓解：

在晚清，清朝和日本的关系已经不再是"宗主国"与"朝贡国"的关系，黄遵宪也就不再自然而然地将日本视作来朝贡的"蕞尔小国"，《邻交志》便使

① 根据汪向荣的研究，大内义兴与朝鲜交往，自称"日本国周、长、丰、筑、雍、安、石七州太守大内多多良"、"日本国大内防、长、丰、筑四州太守多多良朝臣义兴。"参见上引汪向荣：《〈明史·日本传〉笺证》，第 75 页。

② 黄遵宪：《日本国志》邻交志上二，天津：天津人民出版社，2005 年，第 129 页。

③ 徐继畬：《瀛寰志略校注》凡例，北京：文物出版社，2007 年，第 2 页。

④ 《瀛寰志略校注》，第 14 页。

⑤ 魏源：《海国图志》卷十七，《魏源全集》第 5 册，长沙：岳麓书社，2011 年，第 597—619 页。

⑥ 黄遵宪：《日本国志》，第 1 页。

用了日本自身的年号。前代各类著作,叙述两国邦交的用辞,使用的是"降诏"、"上表"、"入贡"、"谢罪"等话语。这种趋势在《日本国志》中已经大幅淡化,如《日本国志》邻交志上二称"日本未知也,复遣如瑶来"①,而《明史·日本传》记载此次称"如瑶来贡"。又如赵秩和怀良亲王的交涉,《日本国志》作"于是怀良改容,礼之而归"②,而《明史·日本传》则作"良怀气沮,遣僧秩表贡方物"③。

黄遵宪写作《日本国志》的背景,是清朝内忧外患之时。而日本则是:

> 咸丰、同治以来……废群侯,尊一主,斥霸府,联邦交,百务并修,气象一新,慕效西法,罔遗余力。……当有可与西国争衡之势。④

可以说给予了中国士大夫以强烈的刺激。这样的形势是姜宸英等人所看不到的,清初的士人,尚且沉浸在康熙开海带来巨大经济利益的环境里。士大夫正享受着海氛宁静、边氓安堵的天朝气象,用学者的心态考辨着异邦的贡品和风俗,浑然没有一丝闭关锁国的压力。正如万斯同在《明史》稿的"外蕃传"里所说的一样,士大夫们编纂这些史料,是为了:

> 今考其疆,理采其风俗,与夫治乱盛衰之迹,著之于篇,俾从知鉴戒。⑤

在这样情况下的日本形象,自然就是:

> 不征诸国如朝鲜日本以下,皆限山隔海,僻在一隅,得其地不足以供赋,得其民不足以供役,若其自不揣量,来扰我边,则彼为不祥。⑥

五、结语

通过以上的分析,可以将《始末》的情况归纳如下:

1.《始末》的作者姜宸英,并没有直接或者间接接触日本的经历。

2.《始末》的写作,正处于中国对日本知识较为匮乏的康熙时代。处在康熙开海以后对日贸易繁盛,而日本相应地控制收缩"长崎贸易"的时期。

3.《始末》是为官修《大清一统志》而作的,作为"海防志"的附录,主要

---

① 黄遵宪:《日本国志》,第123页。
② 同上书,第122页。
③ 汪向荣:《〈明史·日本传〉笺证》,第14页。
④ 黄遵宪:《日本国志》,第2页。
⑤ 万斯同:《明史》第八册,上海:上海古籍出版社,2008年,第582页。
⑥ 同上。

是为了说明沿海建制的必要性。

4. 就《始末》的内容而言，主要是回顾汉代以来的中日交流史。明代部分最为详尽，着重于梳理明代贡舶贸易的得失。

5. 就《始末》的体例而言，继承自正史中的"志"或者"外国传"。与同时代或略前的"日本传"相比，缺少了地理、世系、贡物等基本门类，并且采用了不多见的夹叙夹议的文体。

6. 就《始末》的史源而言，明以前主要依据前代正史，参考《筹海图编》行文省略掉很多重要史事。明以后行文上主要参考《吾学编》，嘉靖以后参考《天下郡国利病书》，引用的奏议多出自《筹海图编》。整体上倾向使用明代私撰著作，并没有使用《明实录》。

7. 就《始末》对于史料的运用而言，通篇都几乎抄录、沿袭前代著作，在陈陈相因的情况下甚至会犯下基本的系年错误。并且在缺少史料的情况下，强行对史实进行辨析。

8. 就《始末》的关注点而言，着重于贡舶贸易、倭寇、私贩等问题，对于万历朝鲜之役几乎只字未提。

9. 就《始末》对于日本的了解情况而言，姜宸英并不关注日本本身的情况，其认识水平并没有超出明代万历、嘉靖的范围。姜宸英对于日本的现状几乎一无所知，而其描述日本概况所使用的"天文王"等概念，也有不少错讹。

10. 相较于前代著作如《苍霞草·日本考》、《弇州史料·倭志》而言，《始末》对于倭寇的记忆淡化，叙述较少。相较于《天下郡国利病书》、《明史·日本传》等同时代著作，《始末》在叙事清晰度、完整性上并不突出，也并没有利用相对完整和可信的《实录》。相较于后代著作《瀛寰志略》、《日本国志》而言，《始末》并没有面临晚清的"开国"危机，因此更加理所应当地将中国当做日本的宗主，将日本当做僻在海隅的蕞尔小国。

黄遵宪《日本国志》序称：

> 昔契丹主有言："我于宋国之事纤悉皆知，而宋人视我国事如隔十重云雾。"以余观日本士夫，类能读中国之书，考中国之事。而中国士夫好谈古义，足己自封，于外事不屑措意，无论泰西，即日本与我仅隔一衣带水，击柝相闻，朝发可以夕至，亦视之若海外三神山，可望而不可即。若邹衍之谈九州，一似六合之外，荒诞不足论议也者，可不谓狭隘欤！虽然，士大夫足迹不至其地，历世纪载又不详其事，安所凭藉以为考证

之资,其狭隘也亦无足怪也。①

黄遵宪的议论,可谓切中肯綮。就《始末》而言,姜宸英足迹从未踏上日本三岛,只能一遍遍辗转抄袭前代记载,自然错漏丛生;谈论日本本国之事,却先天地采用"天朝上国"的视角,满足于"远人来格"的朝贡妄想;在这样的情况下,尚且要辨章学术、考镜源流,得出的结论自然似是而非。

以今日的视角来看,这不仅仅是《始末》一篇文章的弊端,也是明代以来至清末,各类有关日本公私著作的通病。上至《苍霞草》、《筹海图编》,中如《日本贡市入寇始末》、《天下郡国利病书》,下至《海国图志》,明清两代的各类有关日本的著作,都沉浸在前代正史和明代寥寥几本著作所带来的日本图景里。明代的《日本考》、《苍霞草》里,日本的地理特征来自于遥远的《宋史》甚至《三国志》;在姜宸英的时代,尤侗《外国竹枝词》里仍然描述着"吹螺舞刀"②的日本人形象,《天下郡国利病书》里,仍然煞有介事地介绍着日本和"新罗"、"百济"的关系③。

虽然康熙二十三年以来的短暂开海,使得中日之间的民间交流成为可能,却没有对旧有的日本印象进行有效的改观。《袖海编》、《长崎纪闻》和《海国闻见录》虽然陆续出现,但却并未引起广泛的流传。直到《海国图志》、《瀛寰志略》中,地理的图像虽然因西洋的地图而得以精确,但文字的描述却并未比清初前进多少。一直到黄遵宪的时代,"天朝上国"的图式仍然阴魂不散。士大夫对于海外诸国的态度是:

> 诗曰:"莫敢不来享,莫敢不来王。"中国之于远人,来之而已,不言往也。若夫选骠骑以驱沙碛,驾楼船以涉波涛,不已劳乎? 舞两阶而有苗格,坐明堂而越裳至,古之上策也。古之帝王,未有不内自治而能治外者,治外之道,亦治之以不治而已。④

诚所谓"好谈古义,足已自封,于外事不屑措意"了。

---

① 黄遵宪:《日本国志》,第4页。
② 尤侗:《外国竹枝词》,第2页。
③ 周弘祖:《日本论》,见上引《天下郡国利病书》,第2798页。
④ 万斯同:《明史》第八册,第582页。

综合讨论

葛兆光:

我稍微介绍一下汪涌豪教授。汪涌豪教授是复旦大学中文系的教授,现在刚刚接任《复旦学报》的主编。过去他是文史研究院的常务副院长,而且他对日本非常了解,因为他在日本的九州大学和神户大学都担任过客座教授。

刘建辉:

在开始下午的讨论之前,我想自己先谈一谈对于这次会议后的感想。我不可能涉及所有报告者的报告内容。在听完所有的报告后我想谈两点自己对于会议的感想。

这次研讨会的前半是大家从交流史的路径来考察中日之间的关系,谈到了作为僧侣或者作为医生等等来到中国的日本人们。考察了他们受到怎么样的接待,或者其中的礼仪制度是怎样的。过去我自己也对制度史有所研究,在研究制度史的过程中我一直在想如何处理和看待交流史在制度史研究中的作用。听了这两段报告后,我觉得过去我们做制度史研究主要以中文文本为基础的。这次的报告从交流史的角度考察了在交流的过程中体现了怎样的制度,用他者的眼光考察了制度史,也就是说制度史和交流史产生了相互对照的关系。

更简单地说,过去我们在制度史的研究过程中,会有很多盲点,仅仅从制度史的研究上,我们看不到很多的东西。但是通过对交流史的研究,这些盲点我们就可以看到了,看到一些过去通过制度史研究看不到的东西。也就是说,交流史不仅仅是调查到底来了什么人,来了之后发生了什么事,而是从对制度史的补充的意义上，可以看到交流史很重要。比如我觉得很有意思的是，在交流史上我们看到了制度史研究看不到的腐败问题。那些来中国的日本人原来应该领到多少米，但是实际上按照他们的记录这些米没有按照原来的规定发到。这如果是单纯研究制度史就看不到，研究交流史就可以非常具体地看到。我觉得这是非常有趣并且是非常值得认可的价值。

第二点其实也是与制度有关的，就是上午提到的宪政这样一种制度是否适合中国这个国家。我本人认为实际上中国清帝国的要素实际上是绵延至今没有断绝的。我们今天是想要在这样一个传统的框架下要实行宪政。如果用一个比喻的说法来说，实际上是要给一双大脚穿上一双小鞋。这样作为一个帝国的中华，想要在宪政的制度下要变成一个国民国家，当然会面临很多困难。

昨天在下午讨论时，我曾经提到，日本虽然不是一个真正意义上的单一民族的国家，但它确实是一个体量比较小的国家，它比较顺利地变成了一个国民国家。但是在国民国家建设过程中，它同时进行了国民国家向帝国国家膨胀的过程。中国的近代史现实可能刚好相反。中国是一个帝国，但是中国却想要以宪政制度变成国民国家。看我们的东亚近代史，我们可以看到中国和日本的行进方向正好是相反的一个进程，这也许是我们看待东亚近代史的一个很重要的角度。

那我就不继续再讲下去了，不然等下又要敲钟了。接下来的时间如果在今天和昨天的会议上，大家有言犹未尽的，还想再继续补充一下自己观点的发表者，也可以再继续发表自己的观点。其他的先生也可以谈谈自己与会的感想。

汪涌豪：

我自己在日工作三年，对日本也有很强烈的兴趣。由于这个会议的主题关系，各位教授交来的文章都非常专精。在圆桌会议时段，我们不妨把讲话范围稍稍扩展开来一点。

整体来说我觉得会议主题非常有意思。但是换一个角度，在我看来，中国的日本认识，其实就是日本的中国认识。中国认识日本后，日本人来研究中国人怎么认识日本的，反之亦然，所以这个问题是交杂在一起的，很难分开看待。但是这里还有个区别，相较于我们认识日本，日本对我们的认识要深刻得多。

我在日本的时候时间很空，认识的人也不多，日本人也比较沉默，所以我大量时间读了许多书。我读了一本伊东昭雄的《中国人的日本观百年史》，它是自由国民社上世纪 70 年代出版的，我印象很深刻。还有一本是山口一郎的《近代中国对日观的研究》，是亚洲经济研究所 70 年代出版的，我印象也很深刻。

读下来我感觉，知华的日本人要远远多于知日的中国人。日本人不仅自己喜欢写日本人论，比如我看过写的南博的日本人的心理，他也写过日本人论，全面介绍了日本的日本人论的研究。还喜欢看别的国家，东西方、包括中国人怎样看待日本人，这是日本人的一个嗜好。

所以我个人的感觉是，对日本认识最重视的不是中国人，而是日本人自己。这一点中国人不得不佩服。一般的中国人知道周作人喜欢日本文化，已经是不错了，有的人进而知道戴季陶、蒋百里、钱稻孙，那是更不错了。再往上推就是知识人知道的，他们知道黄遵宪的《日本杂事诗》，但是还有一些人是知识人都不知道的，比如我读到过的王朝佑的《我之日本观》，1927 年出的，还有周宪文的《日本之面面观》，还有陶亢德的《日本管窥》。在当时的中国这些书的影响都很大，但是现在都湮没无闻了。

再往上说，其实甲午战争后的几十年间，有五六万中国人到了日本，留学生留下了很多东游日记。这些东游日记日本人也有专门研究的，但是我们中国人研究日本观的时候用的很少。如果再往前说，其实上海很多报纸，如上海《新报》、《申报》、《万国纪事汇编》、《万国公报》等都有大量地写日本人对中国的观察。还有许多官方编的资料汇编，比如清光绪朝的中日交涉史，清宣统朝的中日交涉史，还有外交文牍，里面大量留存着中国人对日本的观察。现在谈中国人的日本认识时对这些也用的不多。

反过来看日本，日本 20 世纪 30—40 年代已经有很多人专门在研究了。比如橘朴、实藤惠秀、中山九四郎等，他们都出了专书的。我翻过两本书，一本是青年书房 1939 年出的，信浓尤人的《中国人眼中的日本》，他把上海报纸上、生活周刊上的对日本的观察都收集起来成了一本书。还有一本是鱼返善雄写的《中国人的日本观》，他把刘大杰、汪精卫这些名人对日本的观察都收集起来，这本书在日本是作为小学生读中文的教材来使用的，在日本的影响很广泛，我们中国人一般也不知道。

所以我觉得末木文美士和葛先生合作发起中国的日本认识和日本的中国认识这样的研讨会非常有针对性。特别是昨天上午交流环节中葛先生说的三点意见我是很佩服的。我的感觉是，对于一些具体问题，葛先生由于专业的关系，对这个问题本身可能并不是十分了解，但是他有强烈的问题意识，他抓得很准。延续他的问题，我自己也有感觉。我的感觉是这样的，过去我们研究中国人的日本观,我们比较关注倾听精英阶层的声音,如朝廷官吏,或者军阀政府、民国政府的官员,这些精英阶层他们的日本观,还有知识阶层的日本观,我们很重视。一般平民的日本观,我们并不重视。

非常有意思的是现在情况逆转了:一般人对日本的认识,我们非常重视,政府也重视,知识分子也重视,而精英的知识分子对日本的认识,我们反而不重视,政府也不重视,别人也不重视。所以我们经常在中国的报纸上看到一般人在说日本怎么好、天真蓝、厕所非常干净,其实中国的厕所现在也干净了,或者说日本非常非常坏、怎么怎么坏,其实坏人哪地方都有,都没有说到点子上。民间不成熟的认识会影响到政府,比如日本政府说中国经常在做反日教育,中国人说日本人报纸上经常都是中国的负面新闻。这就造成了中日之间互相对看的时候"相看两厌",这是一个非常不好的现象。

所以在今天这样的形势下,我们能召开这样一个会,我觉得主办会议的教授是非常有远见和担当的,我非常佩服。只不过说,我们今天这样的相互对看、观看、互看,就是我们要超越一种狭隘的国家观念、意识形态,或是超越中日实力对比这些纠结,我们把问题看深了,看得更有兴味一点。事实上也是这样,这两天的讨论大家也是着眼在一些具体的问题展开深入的研究。这样的研究的意义并不局限在学术界,它也会影响到广大的民间。所以我个人对这个会的一点感受基本就是这样。谢谢大家!

刘建辉:

非常感谢汪教授。确实像您所提到的那样,中国的日本认识实际上包括着日本人对自身的认识,日本人对中国的认识也包含了中国人对自身的认识,它确实是交织在一起的观点。

您刚才讲到的第二点,实际上也是日本的现状。在日本,知识分子的中国认识并没有受到足够重视,反而是媒体传播的民众对中国的一些看法流布非常广。也确实层次不太高,也只是在讨论厕所是否干净之类的问题。

泷井教授有一些想要补充的地方,请。

泷井一博:

我想向大家补充介绍一张幻灯片,介绍一个人物。这个人物叫做有贺长雄。有贺长雄在这张照片前排的右一。他是一个什么人呢?他曾经担任袁世凯政府的法律顾问。在袁世凯要起草宪法的时候,草案是他来起草的。有贺长雄为什么要担任这个工作?因为在1905年清朝向日本派遣了宪法视察团。伊藤博文向这个宪法视察团推荐了有贺长雄,对他们进行明治宪法的介绍。这张照片的正中就坐着伊藤博文。

我想再介绍一下这张照片拍摄的背景。这张照片摄于 1890 年的 10 月份。在照片的正中大家可以看到一个人的肖像,这个肖像是一位德国国家学的教授,叫斯坦因。这位教授是伊藤博文到欧洲考察,了解欧洲宪政制度过程中曾经给他们上过课的一位老师,他当时在维也纳大学做教授。这位先生在 1890 年的 9 月去世。这些曾经在维也纳上过课的人,他们在 1890 年的 10 月份集中在一起,开了一个追思会。这个追思会的仪式是以神道的仪式来举办的。

这张照片是伊藤博文和有贺长雄。在这张照片右侧长胡子的这个是伊藤博文,左侧的就是有贺长雄。他们在欧洲考察的时候,在接受斯坦因教导的时候拍的一张照片。那么这个斯坦因到底对这些日本人说了什么呢? 他说的是,宪法不仅仅是条文。他必须是背后有民族精神支撑的这样一个制度。如果没有历史,只有宪法的话,那么这个宪法是不会生根的。

因为斯坦因对他们说,历史非常的重要,所以接受了谆谆教导的这些日本人回到日本以后,在这位斯坦因教授去世以后要举行追思会。他们也用了他们认为最有历史传统的这样一个神道的仪式来对这位教授进行追思。感谢他让他们意识到日本的历史传统非常的重要。

昨天下午我们在讨论的时候也曾经讲到了关于神道的一些问题。那么就像末木教授所讲的那样,实际上国家神道是近代以后完全人造出来的一个新的宗教。那么这张照片也为我们提供了一个很好的证据,就是神道的确是在近代为了使所谓的历史制度化,在听取了欧洲人的建议以后,日本人才下工夫来构筑起来的一个新的宗教。

上午葛教授提了很深刻的一个问题,就是在中国宪政能不能够真正的适合并且能够发展。那么我介绍的这张照片不能够成为直接的一个回答,但从另外一方面给我们一个启示,也就是说宪政实际上首先要求我们通过历史形成一个公共的意识,就是我们是什么。通过历史,构成一个共同体,大家所能够接受的共同体。在这个共同体的基础上,宪政才有可能生根发芽。

为了实现宪政的话首先要制造国民。通过历史的传统来制造出国民。也就是说有了国民以后才能够形成制造宪政,或者接受宪政、发展宪政的主体,这是一方面。另一方面我们形成了,国民形成了,也势必形成他者。有了我们,自然有了他人。从伊藤的角度来看,伊藤是构筑了国民,日本国民,在客观上也造就了他者。也就是说有了日本国民,有了非日本国民。他在政治上采取了一个与中国保持距离的态度,只和中国保持经济交流的态度。

实际上是他者和我们一个很好的例子。

所以从固筑国民——己方的这个国民，势必产生排除他者——他方的这个他者这个角度来看，宪政并不是一个完美无缺的，只有好处没有坏处的这样的一个制度。他一定是包含着排除他者的这样的一个原理在内的这样的一个制度。今天我们来考虑宪政的时候，于是有必要来讲怎么样形成一个更加灵活的，更加合理的一个国民的概念。这是我们现在思考立宪主义也好，宪政主义也好所需要考虑的一个问题。

刘建辉：

非常感谢泷井教授刚才富于启发性的富于启示性的意见的补充。那么宪政确实是在形成国民。在内部的话它形成了一个"我们"这样的一个集团。但是势必就在外部形成一个他者，这确实是宪政没有办法摆脱的一个两面性。我们今天在研究宪政的时候应该考虑如何能够将它进一步的完善。那么现在开始讨论吧。

葛兆光：

关于国民国家或者国民和宪政的问题是一个很复杂的问题。究竟是需要先成为现代意义上的国民和国民国家，然后才能形成宪政呢，还是先要有一个宪政成为一个国家，然后才塑造国民，这是一个非常复杂的问题。不一定是单方面的，而可能是双向的。

因为中国这个国家确实有一些特殊。它是一个很大，民族非常多，区域也非常复杂的一个国家。因此很多人会认为中国不是一个现代意义上的民族国家或者国民国家，还保留了很多传统帝国的那种约束。所以最近呢，美国也好欧洲也好日本也好，有一些人提出来一个特别的说法，叫做：中国不是一个现代民族国家而是一个文明国家。包括现在提倡中国崛起论的人也特别爱讲文明国家这个词。文明国家就避免了界定现代民族国家的有限性的这样一个问题，所以就变成了很暧昧的一个词。就是文明国家到底它是个国家，还是个文明共同体啊？这里面是不是要实行宪政？这个国家是不是有限的？这些问题都出来了。所以我觉得如果我们还承认宪政制度还是一个相对比较好的制度的话，那我想中国不应该特殊。如果我们特别强调中国特殊的话，那么中国就不要实行宪政。所以现在在中国就变成讨论的非常复杂的一个问题。所以我想泷井先生提出的这个论文对我们有很大的启发意义，就是说这个问题的复杂性在一百年前就已经被看到了。一直到现在，仍然还在讨论中。我们能有一个明确的答案吗？这个我也不知道，但是在现在中国确实是在讨论中。

刘建辉：

有没有其他老师有所补充的？

末木文美士：

我想介绍一下我与会的一个感想。那么这个会议比较早的一个分科会是讨论近代以前的中日关系。然后呢又有分科会讨论近代的问题。我在开始听这个分科会的时候我感觉这个好像是两个不同的研究的范围，这是我最初的印象。但是随着讨论的进行，特别是刚才刘老师、葛老师还有泷井老师谈到了近代的国民国家和立宪政治，实际上前近代和近代是有着密不可分的关系的。如果说中国或者是东亚存在某种特殊性的话，那么是不是可以说从中国的或者是东亚的中世，或者是前近代，可能会孕育出国民国家或者立宪政治之外的其他的近代化的可能性。如果说他们是特殊的，那么除了国民国家和立宪政治以外有其他的近代化的可能性的存在，这是一点。另外最近有很多对中世的，近代以前的中世的，一些东亚研究。这些研究非常有意思，它们是通过海洋为媒介，通过海洋对周围的一些周边国家的一些交流来展开的。那么在做这样的一些研究的时候是突破了国家概念的。或者说中世的对于国家的理解是不同于我们现在对于国家的理解的。这个想法我觉得是值得重视的一个观念。另外最近在日本也有一个新的研究动向，就是过去我们总是研究中日关系，但是现在也有学者研究契丹与日本的关系，女真和日本的关系。也就是说把握国家的范围开始出现了更灵活的东西。

那么第二点是关于近代的。关于近代的大家发表的东西也很多，评论也很多。我们在看待近代的日中关系，看待近代的立宪国家，看待近代的日中关系的时候，实际上不仅仅是日中两国的事情。比如说刚刚我们讲到的立宪政治本身就是一个例子，宪政这个观念本来就是从欧洲输入的，所以日中问题当中包含了太多日中以外的内容。刚才汪涌豪教授讲到，中国的国民，日本的国民对于中日关系有很深刻的影响，左右它的影响力非常大。但是我们在考虑中国国民、日本国民他们本身关注的焦点，恐怕并不是最关心对方的国家。也就是说中国老百姓最关注不是日本的问题，是欧美的问题。日本老百姓也是这样的，他们在个人愿望上更愿意去接近欧美而不是接近日本。所以从这个角度来讲，中日关系变成一个更加从属性的东西而不是一个主导性的东西。这就是我们现在看待中日关系一个重要的考量因素。

再有就是我们昨天讨论到了西方冲击这样一个近代史上的一个重要的外部因素。实际上西方冲击是带来了东亚的近代史开始的一个契机，事实上它对中日关系也有非常重要的影响，这也是我们讨论近代以后的日中关系不能忘记的一件事情。

刘建辉：

非常感谢末木教授。就像末木教授所指出的那样，在历史的过程当中其实我们看待中日关系都不应该仅仅考虑中国和日本这两个国家，而应该考虑到周边的很多的因素。在近代以前也好在近代以后也好，我们要能够把中日关系相对化。比如说像榎本教授，他做的研究是海域周围的国家，海域周围的人们的交流，这样实际上也是从海洋功能的角度来对于关系史的一个研究，抽出了以往我们只是把交流史放在国家和国家之间的这样一种考察的方法。我觉得这也是很重要的。

我对于历史研究一直以来长期停留在制度史研究上，是一直抱有疑问的。进行制度史研究的话，我们视线恐怕一直不能离开一个国家的中央。但是我们去看历史事实的时候会发现其实事情并不是这样。有很多制度史上的内容都必须不断地被相对化才行。

比如我举一个例子，最近我在研究中国的两个贸易的港口，一个是在南方的广州十三行，一个是在北方的恰克图、张家口。张家口到恰克图到莫斯科的这样的一条北线。然后南线是从广州的十三行到印度然后到英国的东印度公司这条线。那么对外部是有这样的两条线，那么中国内部的商人，比如说晋商就取道北线，南方的商人就取道十三行这样一条线。那么我们就可以发现，即便是清帝国，这样的一个帝国，它也不仅仅是一个内部自洽，不仅仅是在内部独立的，它也是存在于一个世界体系当中的这样的一个状况。从这个角度来说我们非常有必要引入经济史，在考察历史的时候有必要引入经济史。

榎本教授刚好我们讨论到海洋研究的这个焦点，请您也来讲两句。

榎本涉：

确实我们在考察前近代的中日关系的时候海上的交流越来越受到重视。我觉得我们在进行这样的讨论的时候有必要警惕一种情况的出现，我们在讨论日本近代化的时候通常会有一种论调，说因为种种因素，日本的近代化的成功是必然的，中国的近代化的不成功也是必然的。我们先有了这样的结论然后才展开讨论。那么实际上我们在讨论海上交流对中日关系的影响的时候,也往往会这样,我非常担心大家也陷入同样的一种先有结论然后再去找材料的这样的一种方式。实际上国家与国家的交流它是随着时代的变迁而不断在变化的。比如说有的时候是国家支持的交流,国家主导的交流,有的时候是国家全面禁止的。有的时候是国家不干预的放任的这样的一种交流,是完全自由的一种交流。那么在中日的关系史上这种交流对制度也发生了很多次的变化。那么这些变化为什么会发生,已经形成的制度为什么会被推翻,我觉得很多时候都不是制度本身的消亡带来的变化,而是周围的环境发生了变化引起了变化。比如说 16 世纪的时候中国突然海禁了,那么原来的海上商人就慌了神,他们必须走走私的这条路了。又比如说 19 世纪的西方冲击,这也是对原有的一种交流方式产生重大影响的一些外部因素。

那么我们现在讨论的是 19 世纪以后 20 世纪前半叶的这样的一个时期,这样的时期刚好是中国和日本同时迎来近代的关键性的历史时期。当然在这一段历史时期里面,中日关系由于双方对于西方价值观的接受方式,中日关系也发生了一些变化。这个是历史上的时期。我们把目光调到当下来看,中国和日本遇到的一些问题,中日关系该如何相处。我觉得也是我们在对应中日关系外部环境发生重大变化的时候在摸索一种新的交流的方式,或者在寻求一种新的制度。实际上我们在考察近代以前的中日关系随着时代发生的种种变化,交流方式发生的相应的变化,我们都知道它实际上是每一个时代中日关系对外部环境变化的一种对应,找到的一种解决的方案,它是作为一种历史现实留存下来了。那么在看我们今天的时候,也可以把心态放的轻松一点。现在我们无非也是在寻求一个对于新的外部环境的一种适应,在摸索一个新的交往的方式。也就是说国与国之间的交往可以存在各种各样的范式版本,我觉得没有必要对每件事情都反应过激,这也是研究近代以前的,各种各样不同版本的交流方式的存在的意义所在。我个人的想法也是,我想尽可能知道不同的东西,所以这也是我不断地研究前近代的交流史当中个人的好奇心所在。

刘建辉:

非常感谢,请您一定找到一个好的范本。接下来请胡令远教授。

胡令远:

谈两点感想吧。第一点就是说,这是最后一天的会议了,非常感谢葛老师邀请我和徐静波来参加这个活动。实际上在两年前我们跟日文研开过一个"江南与日本"这样一个研讨会,当时是请葛老师来做这个基调演讲的。葛老师到美国去了,没能够参加很遗憾。其实在座的日文研的老师基本上都参加了,而且由末木文美士做的基调演讲。那么也就是说,日本中心和文史研究院和日文研到目前为止这样的一个交流已经是展开了,而且我们也请泷野先生来做过一个集中讲义,也是罗老师推荐的。所以我希望大家今后的交流更加能够活跃起来,这是一个愿望,所以希望葛老师和日文研的各位先生多多关照。这是第一点。

那么第二点呢,就是我参加过一些中日两国的学者共同来探讨和我们的主题相近的、互相认识的这样的主题的会议,还有平时的交流,我发现一个现象,是什么呢? 比如刚才,刘老师还有榎本先生都讲到了海洋问题。有一段时间日本海洋问题说是非常流行。日本是海洋文明的这样一个国家,其中暗含了一个意义在里边,就是说,以前中国大陆文明,对日本有着非常深刻广大的影响。但是日本是海洋文明,这里面对于以前和中国这个大陆文明的关联性有着一个否定的意思在里边。好像日本人举的白石隆先生曾经写过这方面的书,中国的学者也进行了一些反驳。那么这到底是不是会成为一个互相理解的障碍呢? 还是民族文化的发展,它确实是需要自己先学习然后独立,再回过头来认识原来有过这样的文明关系的这样一个国家或者是民族。我们知道日本对于西方民主也有一段时间批判非常激烈。但是实际上泷井先生也谈到了从宪政这个角度来讲,从西方也学到了很多的东西。这样的一些问题是不是表明,在掺杂了一些民族感情同时,对客观过程的认识也有所差异。这样的情形对于双方的互相认识,就跟我们会议的主题一样,是一个障碍呢,还是一个必然存在的现象呢? 我还是有点疑惑。

刘建辉:

我想有一个需要明确的一个小的点,就是您刚才讲到的这个海洋文明论。这个海洋文明论和我们的榎本先生现在所从事的这个海洋交流史,或者海洋交流网络实际上是完全不同的东西。海洋文明论也是我们所的川胜先生他所主张的。那么他的主张多少带有一些与大陆文明相对抗的一些因素。但是榎本先生所讲的这个海洋交流史,实际上完全是从另外一个相反的路径,在交流史当中来把握和确定相互关系的这样的一种研究。这样的一种研究应该和海洋文明论是完全不同的。

刚才汪涌豪教授讲到日本人很容易陷入沉默,但是今天会场好像是中国学者缄口不语的更多一些。两位朱教授和孙教授,你们的研究都是跟制度史和交流史有非常密切的关系的,希望你们一定打破沉默,谈谈自己的观点。

朱溢:

我是想针对刚才刘教授和榎本教授有关于交流史,以及交流史和制度史的一些话题做一些回应。其实我的研究跟榎本先生和朱莉丽小姐的中日关系史的研究其实是不大一样的。两位是专业的我是业余的,我更多的是从中国的中原王朝如何构建它的天下秩序的这个角度来观察中原王朝与周边政权的关系。当然也涉及中国与日本的关系。那么考虑到构筑中原王朝和天下秩序的时候,我们需要看到其他国家的反应。比如说在宋代周边出现了像辽这样强大的对手的时候,它就不再能成为天下唯一的中心。它必须和辽分享东亚地区共主的这样的一个地位。到了南宋以后它辐射的范围就更加小了。所以对于中原王朝来说它的天下秩序其实是一个理想与现实,或者说是一个它所存在的天下观念与实际上的国际力量对比交错以后共同形成的这样一个秩序。

在中国的中原王朝与周边国家的交流过程中,我们可以发现中国和日本的交流其实是显得相当特殊的。一方面是因为日本在很长的时间内,它是很倔强地抵制着中国的这样一种封贡体制或者说中原王朝所构建起来的这样一种天下秩序。它有自己的一个天下秩序,比如说它在中国的唐代的时候很注重与渤海的交流,它有跟周围的那些隼人啊虾夷这样的一些政权接触,它想通过跟这样的一些政权的关系建立起自己的天下秩序。另外一方面呢也确实是因为日本本身的复杂,像这个我在昨天上午的时候听到朱莉丽小姐她说在日本派出使节的时候它实际也很复杂。它并不一定是代表日本本身,可能是一个日本大名之类的人就可以派出使节来跟中国王朝进行交流。所以我想在中日,中国与其他地区的,跟周边邻国和政权发生联系的时候,我们要注意到中日交往的这样一种非典型性。

第三点感想是有关于交流史和制度史的话题的。刘建辉老师刚才提到了这个话题,我想,在探讨交流史的时候我们以前比较多的重视的是物质上的交流或者是一些技术上的交流。我们在探讨这些交流的过程中能否去努力的挖掘在这样的一种交流背后的机制,这种约束性的机制有哪些。说到制度史问题的话,我想就是我们不能仅仅像过去一样,对于制度史研究主要局限在对于机构的执掌,它的沿革,一些很细节的问题的讨论,而是要把它放在这样一个活的制度史的理念当中来进行,特别是要进行一个制度如何进行运作的一个思考。我是说一方面我们需要考虑制度的文本一旦生成以后,它的运作究竟是什么样的,它跟制度的文本之间是不是有一些偏离的现象,另外一个就是说我们需要看到它的制度不是不变的,它是动态变化的。就是在实际过程中出现了一些新的制度因子,也就是说跟原先的制度条文不那么一样的时候,官僚群体是不是有去抵制或者说纠正偏离了原来的制度条文这样一种现象。那么有哪些新出现的制度因子最后会成为一种条文,我想这个条文化的过程本身是一个非常重要的,需要探讨的现象。那么具体到昨天上午我们所谈到的宋元明时期的交流史的时候,我想一方面因为中国这一侧的政府并没有为地方政府,或者说(外国人)进入接待过程的核心过程之前制定一个非常详细的制度。另一方面的原因还跟中日交流过程的非典型性是有关的,因为往往中国制定的这样一种制度,主要是针对那些朝贡国来进行的,而日本往往不被看作朝贡国,或者日本自己不想成为朝贡国。所以我想通过这样的一次会议的话,能给我很多的思考的机会和启发。我就先谈这些。

刘建辉:

时间留下的不多了,因为我们最后还有闭幕的仪式,所以我想再给五分钟时间给伊东教授,一定请他谈谈他的感想。

伊东贵之:

非常感谢刘教授,因为昨天就跟我讲好要好好地跟我聊一聊,所以我一直很紧张地等着,没想到最后一个才叫到我,我紧张到极点了。昨天我讲到了岛田和沟口对于中国思想史的一些考察,其实我的立场没有为他们代言,我也没有认为他们百分之一百是正确的。我有我自己的想法,我提两点。一个是我们在考察前近代的中日关系的时候,当然不能忘记它背后有一个世界的体系,然后中日的交流只是中国和很多的其他国家的交流、日本和许多其他国家的交流当中的一个双边关系。比如说从日本的角度来讲,我们在高中的时候,所有的日本人都要学到所谓的勘合贸易,那么最近大家的观点更倾向于遣明使。大家越来越接受这是朝贡,是朝贡的过程中发生的一个事情。那么在遣明使的这个时代,幕府的力量实际上是非常的衰微的,也发生了足利幕府把它的勘合卖给它的家臣这样的事情。那么种种这些,从制度的角度上来看,都是非常不合制度的很奇怪的一些事情。那么从中国的角度来看,其实中国也不仅仅是和日本交往,和其他的很多国家也都在交往。那么再看现在的日中关系,那么日中关系它并不是单纯的两国关系,它有周边很多国家的因素的影响。最大的因素当然是美国因素,除了美国之外也有其他因素的影响。

我自己研究的专业方向主要是近代以后的特别是战后在日本进行的中国思想史的研究。在日本进行中国思想史的研究的时候，无论特点是好是坏我们且不去说，作为一个事实，研究者在研究中国的时候，是置于与日本的比较之下，或者是置于与西欧的比较之下的，有意无意都在与日本比较或者与西欧比较的思维当中进行中国的研究。比如说沟口雄三也好竹内也好他们其实都非常反对或者批评西欧中心这样的态度。但实际上他们也是对西欧有着自己的自卑感，所以各种研究的位相，它们的相互关系非常复杂。那么同样可以说中国也有这样的情况。中国的日本研究不是一个单纯的日本研究，它一定是置于一个与中国的比较，或者说在置于与西欧的比较之下的日本研究。

那么竹内好，昨天的讨论当中我忘了为什么会提起竹内好了，总而言之我们谈到他了。他曾经对中国研究家吉川幸次郎，有一段时间穿着中国人的衣服，穿着中国人的打扮好像要变成一个中国人这样的事情，有过非常强烈的批判。竹内好强调说他自己是以一个日本人的立场在研究中国，在这个角度上他会用一个这样的研究方法，他的方法论是把中国作为一个方法来看，或者是把亚洲作为一个方法来考察，即作为方法的亚洲。那么这种作为方法的研究论，方法论，我不知道刘教授怎么看。这种方法，这种方法论，恐怕我们很难评判他正确与否，我想请教您认为它恰当与否。

那么对于沟口的批判，我觉得刘先生持有的一种不同的意见，主要是对于沟口提出的所谓中国的实体化。我一直在琢磨为什么刘教授对于实体化存在着一种不同的观点。可能是讲到了中国是不是内在有一种近代化的动因，而不是受到了外来的契机的影响。这个猜测似乎已经得到了肯定。那么确实在考察东亚的近代化的过程当中，西方的西洋的冲击是一个绝大的因素。那么在近代化的过程当中，东亚的各个国家，他们所走过的路径是不一样的。比如像日本是不断的帝国化的一个国民国家，那么中国走了自己不同的路，其他国家也会走自己不同的路。那么是不是因为近代化路径的差异造成了曾经存在的东亚文化圈的解体？那么今天来看在东亚，我们有一个非常接近的生活方式，有一个接近的生活圈，有一个经济圈。但是确实，如果要寻找一个思想和文化的一个公共的基础的话，也许确实要回到前现代，我们才能找到这些共同的基础在什么地方。

刘建辉：

刚才伊东教授谈到了非常结论性的一些观点，我想伊东先生的观点大概是这样,就是中日之间的关系并不是一个直接相关的东西,而是借助了第三方,借助了他者而存在的一种关系性。比如说现在,中日之间存在的是美国,而过去可能存在的是欧洲。

这些他者是一直介于,一直存在于中日之间的。那么考察他者的方法的时候,我们要考虑到这些他者的存在可能对中日关系产生积极的影响,也可能会产生消极的影响。

已经没有时间了,所以我想进入闭幕式的环节。最后的闭幕式上我想请末木先生,葛兆光先生和汪涌豪先生来为我们致闭幕词。

末木文美士:

两天的会议已经要接近尾声了,这次的会议探讨非常的热烈。过去我们经历过许多的国际会议都是与会者发表各自所关心的议题,然后发表完了大家就散会了。但是这次呢,我觉得非常好的一点是,大家关心的焦点非常的集中,特别是今天的圆桌会议,大家讨论的焦点非常的集中,关心的问题也非常的集中。

我想感谢为筹备本次会议付出了很多辛苦的文史研究院,感谢葛兆光教授,也感谢本次会议的翻译。

中日之间的交流会继续发展下去。同样的,日文研和中国的各个研究机构之间合作与交流我希望也能够继续下去。从这个意义上来讲今天讨论会的结束并不是一个结束,而是交流的一个开始。我非常期待今后更好的交流和合作。谢谢大家。

葛兆光:

我也接着末木先生的话讲。会议呢,不是那个 seminar,所以问题刚提出,就要结束了。我们现在会议马上就要结束了。当然我也是和末木先生一样,希望以后还有这样的机会,大家一起来讨论中国和日本文化交流之间的关系。同样我要感谢远道而来的日本朋友,他们比我们要辛苦,因为他们还要坐飞机来回,开了这么两天会。所以我觉得首先要感谢你们。当然也要感谢文史研究院和日本研究中心的这几位参与者,他们都提交了好的论文。最后我要说的一句话就是我希望在中国出版中文的论文集,包括我们的讨论,都会整理,准备出版。这是我们的一个惯例,希望大家能够同意。

汪涌豪:

我就简单的一句话,就是《复旦学报》很荣幸和文史研究院和国际日本文化研究中心一起来参与到这个会议当中来。也很荣幸认识各位日本的教授。我有一个衷心的希望，以后各位有研究成果，能够第一时间交给《复旦学报》刊布，我们会认真做好这个工作。很荣幸认识各位，谢谢大家！